陪伴是最好的教养

蒙谨 ◎ 著

文化发展出版社
Cultural Development Press

图书在版编目（CIP）数据

陪伴是最好的教养 / 蒙谨著 . — 北京 : 文化发展出版社，2020.7

ISBN 978-7-5142-3046-8

Ⅰ . ①陪… Ⅱ . ①蒙… Ⅲ . ①家庭教育 Ⅳ . ① G78

中国版本图书馆 CIP 数据核字（2020）第 115293 号

陪伴是最好的教养
作　　者：蒙　谨

责任编辑：肖润征
总 策 划：白　丁
产品经理：李　雪
出版发行：文化发展出版社有限公司（北京市翠微路 2 号）
网　　址：www.wenhuafazhan.com
经　　销：各地新华书店
印　　刷：天津旭丰源印刷有限公司

开　　本：787mm×1092mm　1/16
字　　数：238 千字
印　　张：17.25
版　　次：2020 年 8 月第 1 版　2020 年 8 月第 1 次印刷
Ｉ Ｓ Ｂ Ｎ：978-7-5142-3046-8
定　　价：45.00 元

本书若有质量问题，请拨打电话：010-82069336

目 录

序　再忙你也要陪孩子，再忙你也能陪孩子 / 01

第一章　没有好关系，就没有教育

我们是好朋友——教育之前，弄懂亲子关系到底是指什么 / 002

我就没礼貌——亲子关系，实质上是在反映你与自己的关系 / 006

你也很难过——关系是好是坏，决定你对孩子的教育是否成功 / 010

说了不是故意的——亲子关系有多重要，看看你就知道了 / 014

要学会赞赏孩子——熟悉亲子关系的6A原则 / 018

第二章　好关系是陪伴出来的

妈妈陪我钓鱼吧——你和孩子有血缘关系，关系好是必然的？ / 024

叔叔，这是您的钱——父母的陪伴给了孩子榜样、引导和保护 / 028

今天我被选为优秀学生了——随时与孩子保持联系 / 032

给你讲个故事吧——在安排一天的工作时，空出陪伴孩子的时间 / 036

我们折纸吧——每周至少安排一次"黄金时间" / 040

孩子不需要陪——时间是挤出来的，掌握挤时间陪孩子的窍门 / 044

我不要你陪——把陪孩子的每一分钟都用到位 / 048

沙坑不是这样跳的——放下功利心，陪伴不是"绑架" / 052

第三章 对孩子的爱，是无条件的

想学什么就学吧——你给孩子的爱，是无条件的吗？ / 058

我偷了柿子——给孩子无条件的爱 / 062

什么都买给你——有条件的爱是颗糖果，里面却包着"毒药" / 066

我给你请了假——你的信任和欣赏，是给孩子最好的爱 / 070

这是为了你好——没看见孩子多痛苦吗？别再过高期望了 / 073

重新开始做——爱要无条件，但要有限度 / 077

没有一个优点——你都不完美，就不要苛求孩子完美 / 081

这是最好的玩具——物质补偿，永远代替不了爱 / 085

给您沏杯茶吧——接受孩子的关怀和爱意，也是爱孩子的表现 / 089

什么时候回来——给孩子无条件的爱，给孩子一生的安全感 / 093

第四章 亲子沟通是个双向的过程

为什么吵架——重视亲子之间的沟通 / 098

你太专制了——为什么你说得津津有味，孩子却当耳边风 / 102

我们谈谈吧——面对面沟通，别让孩子无视你的想法 / 106

为什么会这么想——搁置你的需求，你永远不是沟通的主角 / 110

你是这么想的——在沟通中，回应孩子的感受是很重要的 / 114

你真是菜鸟——听不懂孩子的话，你真是OUT了 / 118

怎么都不会——看孩子的反应，再决定你下一步如何开口 / 121
对，肯定会的——做做孩子的应声虫又何妨 / 125
你没有说——把无谓的胜利让给孩子，懂得认输的父母会交流 / 129
为什么染头发——沟通带有情绪，整个场面就会乱套了 / 133
你好滑稽啊——插嘴很讨厌，但是能插成这样就不同了 / 137
我是爱你的——适时闭上你的嘴，更有利于和孩子沟通 / 141

第五章 弯下腰去感知，跟孩子建立心灵共鸣

我理解你的心情——情感的交融是真正的共情，从心灵上接纳孩子 / 146
我最喜欢爸爸——和孩子一起"疯"，不会丧失父母的权威 / 150
我也喜欢地理——爱孩子所爱，找到和孩子共鸣的媒介 / 154
我也被惩罚过——你说什么话，你怎么说，是共情的关键 / 158
他根本就不愿意——你的表情，你的举动，你们的共鸣 / 162
为什么这样做——孩子有他的认知角度，你了解吗 / 166
怎么打碎了——不管孩子犯了什么错，都先假定孩子无辜 / 170
我们好好谈谈吧——设置"太空时间"，忘记一切不愉快 / 174
你怎么能打人——孩子不听批评，说明你的批评没有共鸣 / 178
这么做是有原因的——开放自我，让孩子走进你的生活 / 182
我不跟妈妈玩——共情要扮演好三种角色 / 186

第六章 好关系能消弭孩子的任何问题

我就是要当歌手——为什么你这么努力，亲子关系还出现问题？ / 192
再看电视就揍你——不要打孩子，好关系也会被打没了 / 196

03

别说了，休息吧——孩子不是物品，你怎能如此冷漠 / 200

不做就不理你了——不要让感情成为"敲诈"孩子的工具 / 204

出国是为了你好——只要你愿意，你也可以懂得孩子的心 / 208

现在就去买——你越讨好，你和孩子之间的关系就越糟 / 212

你是我的朋友——你和孩子关系好，孩子的问题也会少 / 216

他们不爱我——孩子大了难管？化解逆反并不难 / 220

去跟其他朋友玩——孩子黏着你，真的是爱你的表现吗？ / 224

妈妈永远爱你——挫折面前，爱永远是最强大的武器 / 228

第七章　真爱是需要保持距离的

来跟我一起看电视——亲密关系关键词：保持距离 / 234

你自己去吧——你把孩子攥得越紧，孩子就会离你越远 / 238

把鞋子刷干净——你好心"替孩子"，实际是在"害孩子" / 242

把你的压岁钱给我——真爱潜规则：孩子的底线不能碰 / 246

应该按照我说的做——孩子有独立权，过度干涉会引发矛盾 / 250

鸡蛋是谁打碎的——错误带来进步，爱孩子就让他自己承担 / 254

题目不能那么做——让孩子听话不是爱，而是你自私的表现 / 258

什么时候学习——保持距离，也要帮孩子的人生做好规划 / 262

序
再忙你也要陪孩子，再忙你也能陪孩子

前几天，老朋友聚会时，忙得难得一见的李浩也来了。大家刚刚寒暄了几句，李浩就把话题扯到了他的女儿姗姗身上。

李浩是有名的女儿控，平时在家就对姗姗疼爱得不得了，每天细心地帮姗姗洗脸、刷牙、穿衣服，走到哪里都会抱着她，我们常常笑他抢了姗姗妈妈的工作。

这次，李浩并没有带着姗姗来。寒暄过后，李浩重重叹了口气，然后说道："最近姗姗都不愿意让我抱了，怎么哄也不行，真不知道怎么办才好。"

在我们的诧异中，李浩详细地和我们说了事情的来龙去脉。

原来，李浩之前去了一个比较偏远的地方考察，一去就是三个月。由于交通和通信不便，李浩和女儿完全失去了联系。

当工作结束，李浩高兴地回到家时，立刻上前抱起女儿。让李浩没有想到的是，女儿看到风尘仆仆的自己后，居然大哭起来。

而在接下来的时间里，李浩百般讨好，想和女儿好好聊聊天，增进感情，却发现女儿的反应冷淡。

我们纷纷说到，是因为李浩太久没有和女儿见面，所以女儿感觉他很陌

生。大家一边安慰他，一边说起了父母要好好陪伴孩子的话题。

我相信，大多数父母都非常爱自己的孩子，不管这种爱是以直接的方式表现出来，还是默默地藏在心里。

为此，很多父母努力工作，想要为孩子创造更好的物质条件。但是，我想他们都没有意识到，在孩子看来，最好的爱不是物质，而是他们的陪伴。

听了李浩和女儿的事情，我想起了有类似经历的王姐。

王姐每天都特别忙，除了要打理好公司的事情，还要照顾好家里。每次看到独自在家玩耍的儿子，她总是说："儿子，等我不忙了，一定好好陪你。"

可是，王姐一直都非常忙。有时，即使她有时间和儿子说说话，也因为感觉太累而没有心情和儿子说话。

好不容易有一天，王姐终于有时间，也有心情陪儿子了，却发现自己和儿子说不到一块去了。不管自己说什么，儿子都心不在焉。

大概十分钟后，儿子居然对王姐说："妈妈，你已经陪过我了，你去工作吧，反正工作比我重要，我去找小明玩。"

王姐这时才发现，即使自己愿意陪孩子，孩子也不愿意让自己陪了。"早知道会这样，我宁愿不去赚钱，专门在家里陪孩子。"王姐这样对我说。

孩子的童年只有一次，需要父母陪伴的时间也只有短短几年。如果父母没能陪孩子长大，以后想要陪孩子，孩子也会因为有了自己的小世界，而拒绝父母的陪伴。

据我所知，很多父母都有这样的苦恼，因为忙而导致亲子关系的疏远。但同时，他们似乎也表现得很无奈："我们太忙了！根本没有时间陪孩子，怎么办？"

是的，现在社会竞争激烈，需要花费更多的时间在工作和自我提升上。但问题是，孩子并不需要你整天陪在左右，工作和陪孩子并不是对立的。

说到忙，我想起了新认识的一对夫妻。

李威和张丽颖在五年前结婚,他们有一个可爱的儿子。看过他们一家三口的人,都能感受到洋溢在他们身上的幸福。

　　而事实上,李威的爸爸因为中风瘫痪在床,妈妈也得了老年痴呆症。每天光是照顾父母,就会用去他们大量的时间。夫妻俩的工作都很忙碌,这就导致他们陪儿子的时间逐渐变少。

　　但是即便如此,夫妻俩也坚持陪儿子吃饭,在餐桌上和儿子聊天,教会儿子餐桌礼仪,听儿子讲述幼儿园里有趣的事情。

　　而且,不论多忙,夫妻俩每天都要抽一点时间陪儿子玩游戏。有时候只是在家里玩简单的捉迷藏,有时候会带着儿子到户外参加各种活动。

　　所以,即使李威和张丽颖都很忙,他们的儿子也没有感觉到孤单,反而感觉到父母时刻陪在自己身边,每天都很开心。

　　科学研究表明,在父母陪伴下长大的孩子,更聪明、更自信、更有安全感,也比一般的孩子更具活力,各种好的品德也会聚集在这些孩子身上。

　　忙,只是借口而已。一旦父母将陪伴孩子作为一件大事来对待,就会发现,再忙你也能陪孩子。

　　我们也不排除,有很多父母确实忙得不可开交,为了给孩子最好的爱,为了更好地陪伴孩子。我根据自己的研究和实践写了这本书《陪伴是最好的教养》,希望能给忙碌中的家长带来一定的启迪和帮助。

　　现在,就行动起来吧,好好地陪伴孩子。错过了这一时期的陪伴,既会影响孩子的成长,也会是你一生的遗憾。

蒙谨 2020年2月6日 于石家庄

第一章 没有好关系，就没有教育

我们是好朋友
——教育之前，弄懂亲子关系到底是指什么

亲子关系是孩子最先经历和体验的一种关系，是人生的重要一课。如果父母不能和孩子建立良好的亲子关系，对孩子的一生都会产生各种负面影响，包括孩子难以跟其他人建立稳定良好的联系。

要想建立良好的亲子关系，父母首先需要了解亲子关系的定义，从而在脑海中培养和建立良好的亲子关系的意识。

小时候我家的邻居是很糟糕的一家人，他们的女儿王颖比我小两岁，是个很不爱说话的人，跟家里的关系也非常糟糕，周围的孩子都叫她"冷血少女"。

王颖的父母关系非常不好，经常不是斗嘴就是吵架，他们都沉浸在自己的情绪中，根本没有关心王颖的意识。

记得有一次，王颖的父母吵得非常严重，两个人非要离婚。他们在王颖面前相互诋毁，让王颖在他们之间做选择。王颖当时年幼，根本不知如何是好，每天都哭着去上学。

后来老师看不下去了，找到王颖的父母说："你们这样天天吵，有没有考虑过孩子的感受？你们生下了孩子，就有责任建立好亲子关系，而不是这样伤害孩子。"

"什么亲子关系不亲子关系的，孩子是我们的，我们好不好都是她爹妈，她还能反了不成？"王颖的爸爸是个非常不讲理的人，居然跟老师吵了起来。

"你是孩子的爸爸才更应该好好经营这种关系，难道你想让孩子将来恨你，或者成为性格有缺陷的人吗？"

老师说得很有道理，但王颖的父母都听不进去。最后，虽然他们没有离婚，但王颖的爸爸出去打工了，几乎常年都不在家，跟王颖见面的次数少得可怜。

渐渐地，在亲子关系如此冷漠的环境下，王颖患上了严重的心理疾病，高中没上完就辍学了，还需要常年服药控制自己的情绪。

王颖的父母追悔莫及，因为缺乏主动跟孩子建立良好的亲子关系的意识，而让彼此之间的关系变得形同陌路，最终给孩子带来了不可挽回的伤害。

亲子关系需要父母有意识地建立和培养，如果忽略了这些，就无法陪伴孩子健康成长，无法跟孩子建立心理上的共鸣和依赖感，最终成为孩子心中的伤痕。

平时父母要学会身体力行地建立好跟孩子的关系，从平时的小事做起，这是和谐亲子关系的主要内容和重要体现。

父母不要用长者的姿态对着孩子，最好做孩子的朋友。刚开始，陶京就做得很不好。

有一次，我买菜回家，看见小松一个人坐在客厅生闷气，我问他怎么了，他更委屈了。

"我刚才想要跟爸爸下象棋，结果爸爸说他忙，把我吼了出来。我说他陪我玩会儿怎么了，他还说我没大没小，不懂礼貌。"

"因为这件小事生气不值得，等妈妈把菜放到冰箱后，再跟你下棋好不好？"对陶京的做法我感到很生气，但也不好表达出来。

"不，我才不要呢！你们大人就是这样，喜欢倚老卖老，我再也不跟你们沟通交流了。"说完小松就想回房间。还好，我及时拉住了他。

"你怎么能这么说呢？"我赶紧解释，"你忘了吗？妈妈可一直都是你的好朋友啊。"

听到"好朋友"三个字,小松立刻不生气了。

"对,妈妈跟爸爸不一样,你是我的好朋友,我们一起玩,不理爸爸。"

后来,陶京经常抱怨小松不听他的话,不把他放在眼里,跟他一点也不亲近。

"你还是想想你以前是怎么对小松的吧。平时不注意培养跟孩子的关系,孩子当然不愿意亲近你。"

建立好跟孩子的关系是亲子关系的重要内容,平时不注意培养,必然会影响亲子关系的质量。

很多父母在教育孩子时,都忽略了要跟孩子建立良好的亲子关系,如果不能身体力行地进行,就很难跟孩子和谐相处,建立深厚的感情。

父母学会用正确的方式表达对孩子的爱,是建立良好的亲子关系的必要条件。只有懂得正确表达,孩子才能感受到爱,才能在父母的呵护下健康成长。

很多父母都是爱孩子的,但因为不会表达,而让亲子关系变得紧张。

悠悠是我一个朋友的干女儿,我从朋友口中听过她的很多事情,我感触最深的是,她妈妈真的不会爱女儿。

"悠悠是个很奇怪的孩子,我们都知道,她妈妈也特别爱她,什么都为她着想,满足她的一切愿望,悠悠却跟我说不喜欢她妈妈。"朋友跟我说。

"你跟我说过很多关于悠悠的事,但我不认为这是孩子的错,我觉得是她妈妈太不会表达爱了。"

我之所以这么说,是完全有根据的。

上次我听说,悠悠的班级组织旅游,结果她成了全班同学的笑话。悠悠妈妈怕女儿过得不好,给她准备了大包小包的食物、薄厚不一的衣服、各种护肤品、太阳帽、雨伞等,悠悠的出行看起来非常夸张和隆重。

"妈妈，不要给我准备这么多东西，我多大了？同学们会笑话我的。"

"这有什么啊，你可是妈妈最心爱的女儿，带这些妈妈都还嫌不够呢。"

果然，同学们看到悠悠后，就开始奚落她了。

"哟，你出行的阵仗太大了，简直就是个公主啊。"

"你都这么大了，怎么还是像个离不开妈妈的小朋友，太金贵了吧。"

听了同学们的嘲讽，悠悠气得都快哭了。她立刻给妈妈打电话，责怪她让自己出丑了，并表示以后不再让妈妈管自己的事。

父母总喜欢用自己的方式来表达对孩子的爱，不管孩子喜不喜欢，接不接受。事实证明，父母爱的方式不对，会让孩子感到很困扰，甚至排斥父母。

父母跟孩子的关系绝对不仅仅是狭义上的亲人关系，而是一种相互需要依赖的亲子关系，是建立一切情感的基础。

父母要有跟孩子建立良好的亲子关系的意识，并付出实际行动，同时用正确的爱跟孩子相处。这是亲子关系的必要条件，父母一定要重视并做好。

我就没礼貌
——亲子关系，实质上是在反映你与自己的关系

亲子关系实际上影射的是父母跟自己的关系。什么样的父母，教育出什么样的孩子。当孩子出现问题时，父母不能把责任都归到孩子身上，要学会自省，找出自己的问题。

当亲子关系出现问题时，很多父母都会认为是孩子太难以管教，叛逆不听话。其实这种认识是完全错误的，孩子出现问题，是对父母本身的影射。

小语上幼儿园时，我见过一个非常粗暴的爸爸，他的女儿程艳跟小语是在同一个幼儿园上学。

小语告诉我程艳是幼儿园里的"小霸王"，谁也不敢惹她，只要有人让她不如意，她就会动手打人。有一次，程艳把一个男孩的脸都咬破了。

程艳爸爸回去把她揍了一顿，但程艳还是改正不了，父女俩的关系糟糕到了极点。

后来，程艳爸爸知道我是教育工作者后，就跟我大吐苦水，他说："唉，你说我怎么就摊上这样一个'小霸王'啊？你看你家小语多听话，程艳简直就无法管教。"

听了程艳爸爸的话我有些不悦，但他还在一直喋喋不休地跟我抱怨程艳这儿也不好，那儿也不好。

过了一会儿，我实在听不下去了，就打断了他，说："其实不是程艳的问题，你不知道吗，孩子的问题就是父母的问题，是你的教育方式不对，才让程艳变成现在的样子。"

听了我的话，程艳爸爸顿时哑口无言，不可置信地看着我。

"孩子是父母的影射，你跟孩子的关系不好，就是你教育的不好。程艳对人冷漠粗暴，你对她是不是也这样呢？"我反问道。

程艳爸爸不再说什么，陷入沉思之中。

父母内在对孩子的态度，就决定了他们跟孩子的关系。如果父母教育不当，处理不好自己内在跟孩子的关系，外在肯定也不会处理好亲子关系。

当亲子关系出现问题后，父母不要急着责备孩子，要及时通过自省来发现自己的问题。这是解决问题的关键所在。

有段时间，小松非常反感陶京，一看到爸爸回来就忍不住皱眉头，对着陶京也很没好气。

吃完饭时，陶京给小松夹了一个鸡腿，谁知，小松立刻把鸡腿挑了出来，就是不吃。

"你这孩子怎么回事啊？我好心给你夹菜，你居然这样对我，真差劲。"陶京气得眉毛都皱成一团。

"对啊，我就是没礼貌的孩子，你别跟我说话了。"说完，小松饭也不吃就回房间了。

陶京想冲进房间揍小松，我拦住了他。

"你看孩子成什么样子了？不管不行。"

"你还是先反省一下自己的行为吧，小松不会无缘无故对你不好。"我留下这句话也回房间了。

陶京一个人坐在客厅的沙发上自省。

后来他终于想起来了。上个周末他带小松去跟朋友吃饭，朋友的儿子非常懂事，给长辈端茶递水，主动问好，大家都很喜欢朋友的儿子。

但小松就很淡然，简单打过招呼后就不怎么说话了。

陶京觉得自己很没面子，就轻易断定小松是个不懂礼貌的孩子。他这么一说，小松当然就生气了。

"好像真是我的问题,我不应该随便给小松扣上没有礼貌的孩子的帽子。"陶京终于反思明白了自己的问题,然后就去跟小松道歉了。

当父母与孩子出现矛盾时,首先要学会反省自己,这是问题的本质所在。如果忽略了这个,就无法修补亲子关系。

在解决孩子的问题之前,父母要先解决掉自己的问题。没有有问题的父母,就不会存在有问题的孩子。父母才是塑造良好的亲子关系的关键所在。

朋友的女儿冯阳是个"小才女",非常喜欢写作,她的语文成绩很好,作文也很棒,记得她曾经跟我说过长大了想当一名作家。

起初,朋友还很支持女儿,觉得她喜欢写东西也是一件好事。但后来,冯阳上了中学,她花在写作上的时间越来越多,学习成绩有下降的趋势。朋友着急了,她告诉冯阳,以后不能再花大量时间在写作上,要多学习其他功课。

"我长大了想当作家,我不写作干什么?我已经在杂志上发表过好几篇稿子了。"冯阳说得理直气壮。

"不行,你的想法太幼稚了,你都几岁了,作家是那么好当的吗?"朋友把冯阳所有的课外书都锁了起来。后来,冯阳就不理朋友了,两个人的关系变得很紧张。

我告诉朋友,她教育孩子的方式不正确,所以跟女儿的关系才变得紧张起来。

"你要尊重孩子,好好跟孩子沟通,转变你的态度,否则问题只会越来越严重,亲子关系也会很糟糕。"

朋友听了我的劝说,想了想,就改变了自己的教育方式。不再坚决反对冯阳写作,而是跟她达成协议,要适当兼顾其他学科。

"妈妈,你放心吧,我心里有数,不会出现你担心的情况。我写作大部分用的都是业余时间。"妈妈解决了自己的问题后,冯阳的态度自然就变好了,不再故意跟妈妈对着干。

当父母没问题了，孩子的问题也就结束了，亲子关系自然就和谐了。父母要学会解决自己的问题，孩子才会接受父母，亲子关系才能得到改善。

父母跟孩子的关系，本质就是自己内心关系的影射，父母的想法决定了跟孩子的相处方式和关系。因此，当与孩子的关系出现问题时，父母要自省。

父母出现问题，是亲子关系产生裂痕的根源，父母的问题重重，孩子必然也会如此。要解决孩子的问题，让亲子关系变得和谐，父母一定要先解决自己的问题，这是根本手段。

你也很难过
——关系是好是坏，决定你对孩子的教育是否成功

亲子间的关系是否良好，直接决定了家庭教育的结果，好的关系能消除很多矛盾，让亲子关系更加和谐，家庭教育也会更加成功。

通常父母跟孩子关系不好，教育结果也会有问题。不和谐的亲子关系是让孩子出现问题的根本原因。

徐倩是我做调查时遇到的一个比较特殊的孩子，她叛逆、乖戾，经常跟父母对着干，惹是生非，不是传统意义上的好孩子。这不是她的天性使然，而是因为她跟父母的关系很糟糕造成的。

我碰到她的时候，她正一个人坐在大马路边上抽烟，这不是她那个年龄的孩子该有的表现。

我费了很大的劲儿，她才愿意开口跟我说她的家庭。

"我的家庭条件非常好，说了很多人都会羡慕我。从小到大，只要是我想要的，爸妈都会给我。但是，我一点也不爱他们，甚至恨他们。"

看得出来，徐倩是一个孤独寂寞，缺乏安全感的孩子。

"我跟爸妈的关系一点也不好，我们都找不到和谐的相处方式。他们以为自己所做的一切都是为了我好，但根本不是我想要的。所以，我们经常吵架，吵了之后我很伤心，就故意跟他们对着干。"徐倩想要的，只是父母的关心，是能跟父母好好相处。

"孩子，你应该尝试去改变一下跟父母的关系，关系好了，很多矛盾都不会有了。"亲子关系不好，矛盾、误会就都出现了。

"没用的，我们的关系再也不会好了，我已经彻底失望了。"说完，徐倩扔掉烟头就走了。看着她萧索的背影，我心里五味杂陈。

父母跟孩子的关系不好，很容易教育出有"问题"的孩子，这是不争的事实。

如果父母无法跟孩子建立好关系，必然会影响双方沟通交流，不能充分地相互了解，那么家庭教育就肯定不会成功。

好关系是好教育的基础和重要保证。亲子关系和谐，孩子的问题就少。孩子会因为好关系变得更优秀，更愿意听父母的话。

有段时间，不知道什么原因，小语上课经常走神，以致她的课堂效率降低了不少。我感觉很头疼。

小语放学回来，我陪她一起默写课文，我很认真地监督她，还在一旁给她适当的提示，但最后小语还是没有默写好，我有些生气。

"为什么会默写不出来？白天不是刚学习的吗？"

"这个……我当时很困，状态不是很好，"小语有些不好意思地说，"我以后会注意的。"

"你肯跟妈妈说实话，我很高兴，我没有要责备你的意思，有什么问题要及时说、及时改正，这才是妈妈的好女儿。"一直以来我跟小语的关系都很好，所以她很听话。

"这些天作业太多了，我睡得比较晚，而且还有一些心事，所以上课总爱走神。"

"嗯，有什么心事或问题可以跟妈妈说，我一定会帮你解决。忘了吗，我们可是无话不谈的好朋友。"小语最喜欢我说是她的朋友了。

果然，没过一会儿，小语就开始跟我说心事，我积极帮她提意见，没一会儿她就想通了。

"妈妈，谢谢你一直愿意当我的听众、当我的朋友。"问题解决了，小语可高兴了。

011

"妈妈很乐意。来，我们再来默写一次，我相信你一定可以做到的。"

就这样我带着小语一起默写，没一会儿她就写完了，而且写得很好。

父母跟孩子的关系好，孩子出现问题时才会愿意跟父母分享，才愿意听取意见并及时改正。如果父母都能跟孩子建立好关系，相信他们在教育孩子时肯定会得心应手，非常成功。

亲子关系的好坏对孩子的影响很大，所以父母要学会用实际行动跟孩子建立好关系。不论什么时候，都要包容孩子、爱孩子，这是建立好关系的有效方法。

我经常听到孩子们的抱怨，说父母太"势利"了，他们做得好给的爱就多，做错了事就没有爱了。如果孩子有这样的心理，那么对父母的感情也必然会有影响。

但我的同学刘明不是这样的，他经常跟我说，要给孩子无条件的爱，这样孩子也会无条件地爱父母。

有一次，刘明带儿子去逛商场，儿子喜欢上了一个很贵的玩具，但刘明还是给儿子买了。后来，他们又去其他地方逛了一会儿。等他们上公交车回家时，儿子忽然尖叫起来，说："爸爸，不好了，你刚才给我买的玩具被我弄丢了。"

刘明一听心疼不已，也很生气，他很想责怪儿子，为什么不能小心一点。但他看到儿子同样沮丧的样子时，就打消了念头，转而安慰儿子。

"爸爸，那个玩具很贵，你不会怪我吧？"儿子说得很委屈。

"不会，你也不是故意的，你也很难过是不是？"刘明也很心疼，但他还是觉得，照顾孩子的情绪最重要。

"爸爸，谢谢你这么爱我，就算我做错事你也能原谅我，你真好。"

从这件事中不难猜测出，刘明跟儿子的关系很要好。刘明无条件地爱着儿子，儿子也对爸爸充满感激和爱意，良好的亲子关系就是这样慢慢建立的。

父母不仅要有跟孩子建立好关系的意识，还要积极付出行动，用爱和包容赢得孩子的信任和依赖，从而变得亲密无间。如果父母能很好地做到这些，跟孩子建立好关系就不再是困难的事。

父母不能跟孩子建立好关系，亲子关系就不会和谐，家庭教育也不会成功，因为好关系是消除很多矛盾的重要因素和保证。

为了跟孩子建立好关系，父母不仅要明白其重要性，还要学会用无条件的爱包容孩子、理解孩子，学会跟孩子正确的相处之道，如此才能让亲子关系变得更好。

说了不是故意的
——亲子关系有多重要，看看你就知道了

建立好亲子关系，对孩子的教育就等于成功了一半。良好的亲子关系可以让孩子形成独立自主、积极向上的性格，可以减弱孩子的逆反心理，对孩子的成长发展有着不可忽略的意义。

亲子关系对孩子的语言发展有重要影响。父母是最开始跟孩子语言交流的人，家庭氛围对孩子的语言能力也有重要作用。如果亲子关系不和谐，会让孩子失去很多的学习机会，语言发展也会受到限制。

我一直认为，孩子的问题都与他的家庭有密不可分的关联。

我去山村做教育活动时，认识了一个叫李雷的男孩，他说话口齿不清，甚至不敢看别人的眼睛。跟他交流，一时很难听懂他的真实意思。

"你现在上几年级啊？"我微笑地看着他说。

"三……三年级。"他说话的声音很小，感觉还带着颤音。

"在班里学习成绩好吗？"我轻声地继续发问。

"这个……这个很难说，我也不知道是不是算好。"

李雷的老师告诉我，他生活在单亲家庭，妈妈跟爸爸离婚后又改嫁了，他的父亲也是个沉默寡言、不善言辞的人。据说，只有他们父子俩在家时，一天也说不了几句话。

"这个孩子太可怜了。"我忍不住感叹道。

"我一直认为李雷的语言表达能力不好是先天的，后来问了您才知道，很大一部分原因是家庭氛围造成的，我得跟他爸爸好好说说，多跟孩子沟通

交流。"老师一直想帮助李雷。

"对，亲子关系对孩子各方面的能力，尤其是语言能力有很重要的影响，父母一定要重视。"之后，我也跟李雷的爸爸谈了一下，希望他可以改变改变。

亲子关系不好，沟通的机会必然也会减少。孩子长期说话少，语言能力发展就很迟缓，所以父母要懂得给孩子提供良好的语言环境，重视跟孩子的亲子交流。

亲子关系是否良好，对孩子的人际关系也有重要影响。很多教育专家都认为，家庭环境对孩子的影响要远远大于其他因素。

之前我的学生林秀，从小跟她爸爸的亲子关系就极其不好。她爸爸是个喜欢赌博的人，因为这个，两个人一直都有解不开的矛盾。当然，这些都是我在跟林秀深入交流之后知道的。

林秀的成绩在班里不好不坏，人缘却很差劲，跟很多同学合不来，一些想法和行为都比较偏执。

有一次，林秀的同桌从她身边走过去上厕所时，不小心把她的杯子碰倒了，林秀就不依不饶地说："你这人怎么这么不小心啊？把我的书弄湿了怎么办？"

同桌之前一直在道歉，但听到林秀这样说也生气了，道："我都说了不是故意的，也跟你道了歉，你还想怎么着？"

"拜托，道歉有用吗？上次我不小心弄脏了你的书，你也很不高兴呢。"林秀心里一直记着同桌对她的不好。

"这都是多久以前的事了，你居然还记得。我那时候虽然说了你，但根本就没生气。"两个人你一言我一语地吵了起来，最后，林秀居然动手打了同桌。

我知道后把林秀叫进了办公室，跟她进行了一番沟通交流。

一直以来我都不明白，林秀为什么会难以跟别人相处，但跟她聊天之后，知道了她的家庭背景，就理解了她的行为。她跟爸爸的相处方式，直接影响了她对外的交际方式。

父母处理不好亲子关系，必然会潜移默化地影响孩子的交际方式，他们的内心会惶恐不安，无法用平和的态度跟其他人相处交流。

除此之外，良好的亲子关系还有利于孩子发展健康人格，提高自身的情商和一系列的综合素质，从而更好地适应社会。

生活中总有一些原本聪明伶俐的孩子，最后在父母的教育下变得平庸普通，甚至成为"逆子"。这跟家庭中亲子关系的好坏有密不可分的联系。

肖卓曾经是我们小区里有名的"神童"，是个拥有健康人格的好孩子。他从小聪明伶俐、活泼可爱，深得大家的喜爱。

后来肖卓懂事后，父母就不再注重培养亲子关系，而是把所有的重心都放在让孩子成材上。

他们不仅给肖卓买了很多课外书籍，而且一到周末或假期就把他送到补习班继续学习，很少有陪肖卓一起玩耍、沟通的时间。

起初，肖卓的成绩很好，但随着父母的漠视，亲子间的关系变得越来越不好，各种矛盾不断。最后，肖卓对父母充满了怨恨，渐渐想要脱离父母的掌控。

"你们把我当什么了？天天让我好好学习，一点都不关心我，我以后再也不想听你们的话，做个机器人。"肖卓把心中的不满全部呼喊出来，扭头跑开了。

之后，肖卓就像变了一个人，从"孝子"变成了"逆子"，谁的话也不听，每天肆无忌惮地生活，就像被放出牢笼的困兽一样，成了"危险"的孩子。

"你说现在该怎么教育肖卓啊？我感觉自己一下子老了十岁。"肖卓妈妈找我哭诉，神情哀伤至极。

"肖卓叛逆的根源是亲子关系的不和谐，你们还是先从修补亲子关系开始吧，否则很难改变孩子的现状。"对肖卓的变化我也充满了感叹。

人格决定了孩子的处事方式和行为习惯，亲子关系又对人格的健康有重要影响。因此，父母要明白亲子关系的重要性，在生活点滴中跟孩子建立好关系。

亲子关系对孩子的成长有着至关重要的作用，孩子一出生就跟父母建立了重要关系，家庭环境氛围的好坏，都潜移默化地影响着孩子。其中包括，对孩子语言发展、人际交往和健康人格的重要影响。

如果父母无法奠定良好的亲子关系基础，孩子就无法健康成长。

要学会赞赏孩子
——熟悉亲子关系的6A原则

在培养亲子关系时，父母需要了解6A原则，它可以有效地帮助父母跟孩子建立亲密联系，让孩子更幸福地生活成长。

父母在运用6A原则教育孩子时，首先需要知道其含义和具体内容，然后才能根据孩子的性格加以运用。

我记得两年前，有一位五十多岁的爸爸来找我咨询，他老来得子，非常重视孩子的教育问题。

"我这个年纪好不容易有了儿子，自然非常珍惜。但我真害怕自己无法跟孩子好好相处，不知道该怎么教育他。"这位爸爸的担忧让很多父母都感同身受，毕竟天下没有不爱孩子的父母。

"你的担忧我很能理解，在教育孩子时，你要学会把握6A原则。"6A原则是我当初听讲座时学习到的。

"什么是6A原则？"显然这位爸爸之前没听说过。

"6A原则是6个首字母以'A'开头的单词，Acceptance（接纳）、Appreciation（赞赏）、Affection（关爱）、Availability（价值）、Accountability（责任）、Authority（权威）。"我解释给这位爸爸听。

"你的意思是跟孩子相处，要懂得接受、赞赏、关爱、花时间、有责任和保持权威性吗？"来咨询的爸爸反问我。

"对，就是这个意思。你回去好好想想这些，肯定会有头绪。"这些都是教育孩子时，不能忽略的原则。

"嗯，我知道了，我一定好好弄明白其中的含义，找到跟孩子相处的最好方法。"明白了什么是6A原则后，他高兴地离开了。

6A原则的内容很简单，父母可以通过看书、上网查询等方式来了解其中的含义，从而明白跟孩子的相处之道。

6A原则对亲子关系有着重要的作用和意义，在教育孩子时，只有合理运用这个原则，跟孩子相处时才能毫不费力，让孩子愿意跟父母沟通交流，接受父母的陪伴。

6A原则是我很久之前就学到的东西，在教育小语和小松时我从没忽略过这个原则的重要性。

就拿小语的教育故事来说吧。

我只要一有时间就会陪伴她，跟她沟通交流，了解她的真实想法，正因为如此，才避免了很多误会和矛盾的产生，让我们的相处变得和谐。

在我眼里，小语一直是很优秀的孩子，我从不吝啬对她的赞赏。每次她进步了或做了好事，我会及时给她肯定和鼓励。得到我的认可后，小语变得更加主动去追求优秀。

当然，孩子也有很多不完美的地方，父母要学会接受孩子的不完美，这是宽容和理解。小语总跟我说，我从来不会对她吹毛求疵，而是宽容接受，这让她充满了感激和安全感。

父母生下孩子，自然是有责任的。父母要把搞好亲子关系当成一种职责，这样在平时才能及时意识到其重要性，并努力做好。我的这种态度，小语是完全可以感受到的。

每个父母都很爱孩子，但对孩子的爱一定要是无条件的。我从来不会用爱威胁小语，或者她犯错了就告诉她不爱她了。有条件的爱非常容易伤害孩子，所以我从来不会那样做。因此，小语总是跟别人说我是最爱她的人。

虽然平时对小语的教育很自由宽容，但我也很注重培养自己的权威性。如果父母对孩子一点威慑力也没有，孩子就容易有恃无恐，任意妄为。小语犯错了，我也会严肃批评她，给予适当惩罚。因为我的威严在那里，她也会坦然接受。

正因为如此，小语跟我的关系才张弛有度，既和谐又合理，我认为这就是6A原则的好处。一般情况下，父母能做到这些，跟孩子的相处就不是问题。

了解亲子关系的6A原则，知道它的好处和重要意义是远远不够的，父母要学会根据孩子的实际情况，运用到实际教育中，这样才算成功。

有位妈妈给我发来电子邮件，她说自己不知道如何才能具体做到6A原则。我给她回复了邮件，告诉她其实这些很简单。

父母再忙也要花时间陪孩子，时间是挤出来的，只要有心都能做到。在陪伴孩子时也要全身心投入，了解孩子的感受，这样才能让陪伴更有质量。

学习赞赏孩子并不难，每个孩子都有自己的闪光点，父母学会用欣赏的眼光看待就可以，不能对孩子太挑剔，从而忽略了孩子的优点。

当孩子有缺点时，父母要多包容一些，然后用正确的方式去引导孩子变得优秀，父母自己都有缺点，这样想就容易理解了。

孩子是上天赐给父母最好的礼物，让孩子幸福快乐是父母的职责。所以要时常勉励自己，多对孩子尽责，不能忽视孩子，否则孩子长大后的缺憾是无法弥补的。

父母要明白用爱威胁孩子的后果是很严重的，可以对孩子严厉，但不能通过有条件的爱来教育孩子，这么一来只会得不偿失。多想想这样做的坏处，父母就能避免用爱伤害孩子了。

父母要适当塑造自己在孩子面前的权威性，不要对孩子的无理要求轻易妥协，也不能无原则地爱孩子。凡事以理服人，该对孩子好时就好，该严厉时一定要严厉，不能因为爱就失去了所有原则。

在收到我的邮件回复后，这位妈妈非常高兴，她说自己一定会尝试这样跟孩子相处。

父母要身体力行地学习如何做到6A原则，多反思自己的教育方式，多给孩子一些宽容理解。如此，慢慢都可以做到的。

教育孩子是一门艺术，6A原则涵盖了大部分的教育原则，只要父母能尽力做到，那么拉近跟孩子的关系就是一件得心应手的事，亲子关系就会很和谐。

父母不能不在乎影响亲子关系的因素，要多了解6A原则，明白其重要性和意义，然后再根据孩子的性格改正自己的教育方式，做合格的父母。

第二章 好关系是陪伴出来的

妈妈陪我钓鱼吧
——你和孩子有血缘关系，关系好是必然的？

良好的亲子关系不是靠血缘关系产生的，而是靠后天培养的。父母的陪伴可以使孩子对父母产生依附关系，可以有效解决亲子之间存在的不和谐问题，可以拉近与孩子的距离。

孩子的成长过程，需要父母的悉心照顾，这不仅是满足孩子的生理需求，更是要让孩子对自己产生一种信任和依赖，进而衍生出良好的亲子关系。

小语从出生到长大，一直跟在我身边，无论工作多忙，生活多艰苦，我都坚持自己带孩子，陪她一起成长。

小语五岁时，我带她在她奶奶家住过一段时间。下班从幼儿园接女儿回家的路上，我都要给她讲一个小故事。晚饭过后，我也会抽出一点时间陪女儿看电视。

有一次，我要加夜班赶写一篇研究稿，婆婆让小语晚上跟她一起睡。婆婆学我的样子给小语念故事书，小语也听得津津有味。

加完班回家后，我看到小语坐在床上迟迟不肯睡觉。

"宝贝，为什么这么晚了还不睡觉啊？"我问。

"我要等妈妈回来，跟妈妈一起睡。"

"这孩子，我给她讲了好多小故事，她就是不肯睡觉。"婆婆无奈地说。

"妈妈，你累不累呀？"小语问我。

看到女儿如此懂事，我笑了，说："不累，妈妈给你讲故事好吗？"

"不，我要给妈妈讲故事，讲奶奶刚才给我讲的故事。"女儿非常懂事地说。

说着，小语拉着我的手向我的卧室走去。

小语每次都这样，只有见到我才肯睡觉。她感觉有妈妈在身边，心里才最踏实。小语已经在心里对我产生了依附感，逐渐地，小语和我的关系也越来越好。

作为父母，要多花心思在孩子身上，不要感觉他们在自己的身边就足够了，要用"心"去照顾他们，给予他们陪伴，让他们从心里对父母产生依赖。

陪伴在孩子身边的父母，会更及时地发现孩子与自己之间产生的代沟问题，可以及时地与孩子沟通，减少不和谐问题的存在，使自己和孩子之间的关系更加牢固。

小语上高中后，我发现她总是神神秘秘的，于是我试图找她谈谈。

一次晚饭过后，我来到小语的房间，我问她："妈妈是你的好朋友吗？"

小语先是一愣，然后点点头。

我笑着说："既然我们是好朋友，那有心事是不是可以跟我说说呀？"

小语有点不好意思，片刻过后，她对我说："最近班里常有一个男生给我写情书。"

听完后，我先是感觉到事态的严重，但我很快转变了情绪，温柔地对她说："发生了这件事情你为什么不跟妈妈讲一讲，要闷在心里呢？"

小语说："我觉得我们之间有代沟，跟您说了，您也不理解。"

"妈妈虽然工作忙，但我们是好朋友啊，好朋友要经常地交流，不是吗？"

小语点点头。

我接着说："现在你们处于情窦初开的青春期，但也是非常重要的学习期，你的做法很对，不过也不能一直不搭理同学。你可以尝试和他谈一谈，把自己的想法告诉他，帮助他一同应对青春期遇到的各种心理难题。"

小语说："妈妈，我知道怎么做了。"

"青春期的路很难走，充满着各种诱惑和困难，妈妈是过来人，妈妈会陪着你一起走。"

我和小语都开心地笑了。

经过那次之后，小语有什么心事都愿意跟我聊聊，所谓的"代沟"一下子就完全消失了。

父母们应该多陪在孩子身边，在与他们近距离接触的同时，要从心里和他们进行交流，消除孩子与父母之间的不和谐问题。

孩子的小时候，是和父母形成良好关系的重要时期，是最需要父母陪伴的。父母千万不能忽视，要陪着他们一起玩，让他们在心灵上不再孤独。

小语五岁的时候，我给她买了一盒儿童钓鱼的玩具，里面有两支小鱼竿，一个小塑料盒里装有几条小鱼，当上好发条后，小鱼的嘴会自动一张一合，并且鱼嘴里放着磁铁，孩子就可以用小鱼竿钓鱼了。

小语非常喜欢这个游戏，经常拉着我的手，让我陪她一起玩。那时，无论我的工作有多忙，我都会放下手头的事情，陪她玩一会儿。

"妈妈，你看，这么多条鱼！"小语十分高兴。

"孩子，你告诉妈妈，一共有几条小鱼啊？"我问。

女儿摆着手指，说："10条。"

"好，那我们就比赛，谁钓得多，谁就胜利了。我们一起玩三局，谁先赢两局，谁就可以得到一块巧克力，好吗？"我说。

女儿高兴地点点头，这显然引起了她的兴趣。

果然，在比赛的过程中，小语非常积极地在钓鱼，并且还对我不停地说话。

"妈妈，我比你钓得多啦！"

"妈妈，你别抢，那条红色的小鱼让我钓！"

"妈妈，为什么红色的鱼比白色的鱼多啊？"

我对小语一连串的问题都一一进行了解答，能感受到她的心里无比喜悦。

比赛完毕，小语赢了，她得到了一块巧克力。

小语拍着小手对我说："妈妈，下次我还要你跟我玩这个。"

小语喜欢上了跟我一起做游戏。

孩子需要被人关注，作为父母，无论有多忙，都要抽出一点时间陪伴孩子一起做一些事，这样可以很有效地拉近与孩子的距离。

与孩子建立良好的亲子关系，并不是因为血缘关系，而是后天的培养，父母的陪伴，给了孩子心理上、身体上的温暖，让他们从内心里就愿意和父母在一起，把父母当作朋友。

父母的陪伴，并不是"和孩子在一起"就行了，而是讲究方法和原则的，是身体上的，尤其是心理上的教育和融合。陪伴孩子，给孩子一个心灵上真正的港湾，和孩子做真正的朋友，对孩子的成长非常重要。

叔叔，这是您的钱

——父母的陪伴给了孩子榜样、引导和保护

在孩子的成长过程中，会缺乏安全感以及面临各种困难。如果父母在身边陪伴他们，就可以以身作则，成为孩子的榜样，同时教育和引导他们，给他们以保护。

孩子从出生到长大，都跟着父母，父母对他们的影响非常大，因此，父母要抽出时间陪伴孩子，把自己的正面展现在孩子面前，给孩子传递正能量，做孩子的榜样。

孩子从出生到现在，我都一直陪在他们身旁，用自身的行动告诉他们什么是正面，什么是正义，在花花世界的面前，如何做一个堂堂正正、快乐的人。

小语上小学四年级时，有一次我跟她一起坐公交车去她奶奶家。在车上，我们发现了一个正在偷他人钱包的小偷。

小语很害怕，我感觉到她的小手很凉，而且她一直躲在我的身后。

此时，我一只手抓紧小语的手，另一只手上前抓住小偷的胳膊，大声说："你在干什么！"

小偷被我的话惊吓住了，脸色一沉，说道："别多管闲事！"

这时，我看了看车上并没有人有反应，于是我大声喊道："车上有小偷，快来抓住这个人！"

小偷一把把我推倒，向车门逃去。

终于，车上有人上前予以制止，见状，司机把车停在一边，锁住车门，

被偷的乘客发觉后,更是立刻报警找来附近的警察。

最终,在全车人的合力下,小偷被逮捕了。

被偷的乘客十分感谢我,一直握着我的手。

当精神松弛下来时,我发现小语的手已经是热乎乎的了,不知道什么时候她不再那么害怕了。

小语对我竖起大拇指,说道:"妈妈,你不害怕吗?又不是偷咱们钱,你不怕小偷反过来揍你吗?"

我对她说:"当然害怕了,但是不能因为害怕而不去做一件对的事。如果每一个人都害怕,不敢上前制止,那么全社会的小偷会越来越多。孩子,我们要做一个见义勇为的人。"

小语十分用力地点点头,她悄悄地对我说:"妈妈,我好崇拜你啊!"

父母陪在孩子身边,用自己的正能量感染着他们,会放大更多社会上积极的一面,让孩子的心中充满温暖和正义,同时,孩子也会树立以父母为心中的榜样。

孩子在成长的过程中,避免不了会有一些思想上的小自私、小偏差,他们独自一人无法进行正确的判断,这时就需要父母在身边陪着他们,给予他们正确的引导。

一次,我陪小语去买书,书店的人非常多,等结完账,我们即将出门时,小语拽着我的袖子,趴在我的耳边,对我说:"妈妈,我刚才在地上捡了100块钱。"

小语显然对自己的做法沾沾自喜,想让我夸奖她一番。

我摸了摸小语的头,说道:"小语是个拾金不昧的好孩子对不对?好孩子碰到这种情况应该怎么做呢?"

小语有点惭愧,说:"应该还给丢失的人,但是现在找不到是谁丢的。"

"如果找不到是谁丢的,那我们应该交到服务台,失主发现自己的钱丢失后，一定会去服务台询问的。"我对小语说。

小语似乎已经认识到自己做错了。我拉着她的小手走到服务台，发现有个人正在询问工作人员是否有人捡到钱。小语见状，立刻跑过去。

"叔叔，这是你丢的钱吗？"小语问。

"是啊，我买了书正准备付钱呢，结果发现钱不见了。谢谢你啊，小朋友。"

"不用谢！"

我在不远的地方看着小语，发现她很开心地向我跑来。

"下次记住啦，要做一个诚实的、拾金不昧的好孩子，帮助别人的同时，你会感到非常开心。"我说。

女儿甜甜地笑了笑。

父母要给予孩子引导，首先要在孩子身边，这样才能第一时间发现他们存在的问题，及时纠正。所以，父母要多陪伴孩子，有了父母的陪伴，孩子们才可以得到更多的引导机会。

父母是孩子的保护伞，如果有父母在身边，孩子就可以得到安全感，遇到任何事情都不再害怕；如果父母不在他们身边，在他们的心里就会感觉自己是一个人，时间久了就有可能养成胆小怕事的性格。

小松上二年级时，有一段时间经常被学校里的男同学欺负，儿子时常回家哭哭啼啼。

有一次，我和爱人一起陪儿子上学放学，在放学的路上，果然看到有几个孩子在树下等着儿子。看到我们三个人一起走过来，他们就跑了。

第二天，在同一个地点，仍然是那几个孩子在等儿子，他们刚要跑时，我爱人上前一把抓住其中一个孩子的胳膊，大声说道："为什么欺负刘小松？"

那个孩子战战兢兢地说："球赛上，他们队赢了，害得我们失去了继续比赛的资格。"

听后，我上前对那个孩子说道："球赛结果是公平的，小松的队胜利了，说明他们的实力在一定程度上比你们强。打人是解决不了问题的，你们打了他，你们的队仍然不能继续比赛，而且你们还得被老师处分。不如你们日后强化训练，从技术上赶超小松，下次比赛赢回来。"

那个孩子听后，对儿子说了声对不起后，就朝远方跑去。

我和爱人在那之后的几天继续陪儿子一起上学放学，那几个孩子再也没在树下等过儿子了。

儿子对我和爱人说："妈妈，以后你和爸爸陪我上学吧，这样我就再也不怕别人欺负我了。"

父母的陪伴是多么重要，使孩子们可以在心灵上、身体上得到保护。在父母的保护下，他们可以慢慢学会勇敢，可以认识到有父母做自己坚强的后盾。

父母的陪伴也不能一味地黏着孩子，要讲究方法，适当地陪伴，不要让孩子依赖自己，但同时也不能让孩子脱离自己。

父母的陪伴给了孩子榜样、引导和保护，只有父母在身边，才能有更多的机会使孩子体会到父母给予的指导，看到父母正面高大的形象，在父母的保护下，他们才能放下害怕的心理，敢做事。

今天我被选为优秀学生了
——随时与孩子保持联系

父母要想和孩子保持良好的亲子关系，就必须保持畅通的联系，比如：写信、打电话或者聊QQ等。心与心的碰撞，在心灵上陪伴他们，才能保证不和孩子有代沟，并成为朋友。

写信是一种倾诉心事的最好的联系方式，因为可以在等待中勾起心中深深的思念。父母给远方的孩子写一封信，孩子就可以通过信件倾诉一些小秘密。

小语上初中时，我出于工作原因，被调到南方工作了一段时间，其间我经常给小语写信。

在信中，我会提到南方的工作环境、气候，也会问到小语的学习情况。小语给我回信时，也会提到等我的信等得好辛苦之类的，还有最近学校发生的新鲜事。

"妈妈，今天我被同学们选为优秀学生了。"

"妈妈，我发现我最近已经不喜欢穿裙子了，我还是觉得短裤穿着更方便一些。"

"妈妈，我现在和小松天天坚持早晨跑步。"

在小语的每一封信中，我都能"看到"小语做的每一件事，她就像是在我身边做这些事情一样，此时我往往会很开心地回复着小语的每一封信。

"宝贝这次成绩提高了两个名次，妈妈回来给你带礼物。"

"我今天在中山商场看到一件夹克很适合宝贝，妈妈决定买下来送给你。"

"宝贝能有这次的好成绩，你要好好谢谢老师，还有经常教你做题的几位同学。"

就这样，我们在一来一往的通信中，建立了更牢固的母女情，小语的很多心里话以及不好意思当面跟我说的话，都在信里一一表达出来了，我也在信中了解了小语的心路历程，告诉她应该怎么做，帮助她一起成长。

写信不是最直接的交流方式，但能让孩子把难于启齿的话通过写信的方式传达给父母。作为父母，同样要有耐心地用笔和孩子交流，不能三天打鱼两天晒网。

打电话是一种最直接的沟通方式，当孩子遇到一些困难时，他们会选择打电话，这时父母要很耐心地听孩子诉说，不能敷衍了事。

小语上初二后，随着她青春期的到来，我给她买了一部手机，目的是能与她实时保持联系畅通，当她遇到困惑时，能第一时间想起来给我打个电话。

有一次，我在工作中接到了小语的电话。

"妈，我们老师刚才找我谈话了。"

"为什么？谈了点什么？"

"因为我这次考试没考好，老师问了问我原因。"

"这是好事啊，说明你们老师很关心你。"我说。

"可是她很烦，我都知道原因了，她还在一直不停地唠叨。"小语的声音表现出了明显的气愤。

"孩子，你错了，正因为老师关心你的学习，才会不停地唠叨，你应该把这看成是一种幸福，证明你在老师的心目中是优秀的孩子，是老师的希望。"我用极其温柔的语气对小语说。

我接着对小语说："要在意爱你的人对你说的话，从另一个层面看这是一种享受。不要把它看成是唠叨，要用心吸取，把它当成自己前进的动力。"

诸如此类，打电话的事情很多，小语一遇到小麻烦，急需找我倾诉时，会立刻给我打个电话，听听我对事情的理解，也听听我给她的建议，她已经把我当成她的一个可以倾诉的姐妹，一个好朋友了，而我也会不厌其烦地、站在一个同龄人的角度上考虑问题，给她一个适当的建议。我们就这样通过电话，一来一往地诉说心事，这是一个非常好的方法。

孩子需要打电话向父母诉说时，作为父母的要予以重视，首先要做到耐心，其次要做到语气柔和，站在朋友的角度上帮助孩子解决问题。

现代的通信方式有很多，QQ、MSN等聊天工具的兴起也能帮助父母和孩子之间的畅通联系，让孩子认为父母也很时髦，会利用这些现代化的工具和自己互动。

小语中学时，参加了学校组织的夏令营，到国外的学校做学习经验交流，那时我们常用QQ进行聊天互动。

"妈，我今天认识了很多外国朋友，很有趣。"

"妈，外国的教学制度很好，很人性化。"

"妈，国外天气很好，我们很开心。"

小语的每一句话都很简短、干净，还时常发一些搞怪的表情过来。

当我上线时，看到她发给我的话，我会情不自禁地笑出声，并及时回复，同样给她发一些搞怪的表情。

不仅如此，当我看到网络上的一些小笑话或者励志名言时，我也会通过QQ给小语传递过去。

网络因为它的快捷、便利，给了我们又一种与孩子保持联系的方式。

当小语过生日时，我也会通过网络送一个小礼物给小语；冬季到来时，小语也会在网络上送一条围巾给我。虽然都是虚拟的，但处处能流露出母女之间深深的感情。

小语总是对我说："妈，我同学都可羡慕我呢，因为你特别时髦。"

我说："为什么啊？"

小语说："她们的父母从来都不在网上和她们说话，她们也从来不在网上和父母说话。她们总是说，就算说了，父母也不会理解，这叫代沟。"

女儿为有我这么一个现代时髦的老妈而感到骄傲。

在孩子的心目中，其实是不希望和父母产生代沟的。所以，父母们要充分利用现代网络工具，与孩子们保持联系，进行沟通，做孩子的时髦父母，成为他们中间的一员。

作为父母，特别是要做成功培养孩子的父母，应该学会多与孩子进行沟通，并且掌握沟通的关键点，要真正走进孩子的心里。

亲子保持联系的方式有很多，父母可根据家庭的情况进行选择。父母的陪伴不一定是在身边的，要让孩子感觉到父母也给予了他们心灵上的陪伴。

给你讲个故事吧
—— 在安排一天的工作时，空出陪伴孩子的时间

孩子小时候，父母一直忙于工作，疏于陪伴孩子。当想要花时间跟孩子沟通时，才发现彼此之间出现了沟通障碍。为了避免这类情况的发生，父母要每天空出时间来陪伴孩子。

工作忙不能成为不陪伴孩子的借口。父母要有每天花时间陪孩子的意识，把陪孩子当作每天必须履行的职责，然后才能养成习惯。

以前陶京是个大大咧咧的男人，平时一直在外面拼事业，每天陪在孩子身边的时间非常少。我跟他说过很多次，要多陪陪孩子，但他不以为意，认为有我一个人陪着就够了。

渐渐地，小语和小松的不满越来越明显，小语还偷偷跟我说过，她现在感觉爸爸好陌生啊。

晚上，陶京下班回来之后，我给他讲了一个故事。

有一位爸爸，每天都早出晚归地上班，每次回家后都感觉非常疲惫，对儿子的态度也不是很好。

有一次，他刚下班回来，儿子就问他每天每小时可以赚多少钱。

爸爸有些疑惑儿子为什么会这么问，但还是告诉了他，每小时五十元。

儿子听了很高兴，把储蓄罐里所有的零花钱都倒了出来，他兴奋地把钱拿到爸爸跟前，说："爸爸，我现在终于攒够五十元了，我明天可以买你一个小时吗？你早点回来陪我玩。"

爸爸听了，眼眶立刻就红了，他只顾工作，已经很久没陪伴儿子了。

我讲完之后，陶京也沉默了。过了一会儿，他拿起纸笔，在上面写道："以后每天都要抽时间陪儿女。"写完后，就贴在了床头，每天鞭策自己。

生活中，很多父母都宁愿给孩子花很多钱，也不愿意每天抽时间陪孩子。孩子的成长，父母是不能缺席的。所以，父母要把陪孩子当作每天的必修课，并身体力行地实施。

父母工作再忙也要每天抽出时间陪伴孩子，最好可以养成固定交流的习惯，这样孩子会感觉父母一直在身边，会更喜欢父母的陪伴。

我的朋友赵伟是一名心理咨询师，每天早早就去办公室，基本晚上九点才能回家。每天早晨他出门时，女儿赵茜都还没起床。

赵伟认为，长期不跟女儿交流也不是办法。于是他决定，每天晚上回去，在女儿睡觉之前，一定要多陪陪女儿，跟她聊聊天或陪她做会儿游戏。

每次赵伟回到家，差不多就晚上九点半了，女儿一听到他的脚步声会飞快地出来，等着迎接他。

慢慢地，这种固定的陪伴，成了父女俩的习惯。

"爸爸，你今天工作忙吗？给我讲讲你的工作吧。"

"爸爸，你读故事给我听吧，我想听《小王子》。"

"爸爸，我们一起看会儿电视吧。"

"这个游戏真好玩，我们再玩一次吧。"

虽然赵伟陪伴女儿的时间不长，但因为每天固定不变的陪伴，女儿还是非常喜欢赵伟。

"爸爸，谢谢你工作这么忙还每天陪我，我真感觉自己是最幸福的孩子。"女儿非常高兴地说。

听了女儿的话，赵伟也很高兴。他下定决心，以后不论多忙，也要坚持每天花时间陪伴女儿。

父母在陪孩子的时候，可以是在做完工作之后，但一定要肯花时间，保证每天都陪伴孩子。时间虽然短暂，但依然很有用。

父母每天陪伴孩子时间的长短，可以灵活多变，陪伴的过程不一定非要固定多长时间，完全可以根据孩子当时的心情来适当调节陪伴时间的长短。

每天小语放学回来，我不会要求她立刻写作业，而是会选择陪她一会儿。平时我陪伴小语的时间一般是半个小时左右，但具体的也会看当时小语的心情和状态。

有一次，小语一回来就说她跟班里玩的最好的同学吵架了，因为是最好的朋友，所以她很伤心。那天，虽然小语嘴上不以为意地说着，但可以看出来，她是真的难过。

那天，我一直陪在她身边，跟她聊天，安慰她、开导她，她的心情勉强好了一些。

吃过饭后，陶京说要跟我一起看电视，但我还是不放心小语，觉得她更需要人陪。果不其然，我走进她的房间，看见她无精打采地坐着，根本就无法安心写作业。

我坐下来，继续安慰她，这时的小语脆弱极了，一边说话，一边抽泣，她是真的很在意跟同学的友谊，但还是吵架了。

"小语，你现在的心情无法写作业，别写了，妈妈陪着你聊天，"我把小语抱在怀里，我知道，谁都有非常需要人陪的时候，"好朋友吵架是很正常的事，因为关系好，彼此更在意，所以才会吵。"

"可我还是很难过，好害怕她永远也不理我了。"小语既担心又难过。

"不会的，说不定你的同学现在也在自责难过呢？"

"真的吗？"小语有些不敢相信。

"当然是。"

我又继续陪伴了小语一会儿，她的情绪总算平复了，继续安心写作业。

父母每天需要花时间陪伴孩子是毋庸置疑的事，每天陪伴的时间也不能少于半个小时，但具体的时间，还要看孩子的心情和状态，进行灵活的改变。

孩子的健康成长不仅仅需要物质条件，他们更需要父母的关爱。虽然父母承担着赚钱养家的责任，但还是需要每天坚持抽时间来陪伴孩子，这是什么都不能替代的。

父母在陪孩子时，并不需要花费大量的时间，只要在工作做完之后，坚持每天的沟通和陪伴，孩子就能感受到父母的爱。同时父母每天陪孩子的时间，不一定要等长，可以根据孩子的具体情绪和状况来决定陪伴的时间。

我们折纸吧
——每周至少安排一次"黄金时间"

父母除每天陪伴孩子之外,每周最好还要安排一次"黄金时间"来进行亲子间的沟通交流。让大家在放松的过程中,体验亲情的美好和温馨。

亲子间的沟通需要在某些特殊氛围中进行,父母每周可以专门留出时间陪孩子交流、做游戏等,孩子会很开心。

小语和小松最喜欢每周五的晚上,吃完晚饭后,我们一家人就开始玩游戏,大家都非常高兴。

我们经常玩的游戏是折纸。

每个人选取几张不同的彩纸,然后把自己最擅长或最喜欢的东西折出来。我们一边折,一边聊天。

"妈妈,我早就在想今天要折什么了。我要折一朵鲜花送给你,在家里你是最辛苦的人了。"小语喜滋滋地说,我听了也很高兴。

"那个小松,你要折什么啊?"陶京看小语在给我折鲜花,感到非常羡慕。

小松说:"我想给妈妈折个帽子,我昨天刚学会的。"

"啊,不是吧,爸爸什么也没有啊,好伤心啊。"陶京装出一副痛心疾首的模样。

小语、小松看着陶京装可怜,笑得更欢乐了。

小语跟陶京说:"爸爸,你陪着我们也辛苦了,下个周五我肯定给你折个最漂亮的东西。"

"嗯，还是小语乖。"

"那……那我也给爸爸折。"小松也讨好地说。

大家笑得更高兴了。

在这个过程中，我们不仅陪伴了孩子玩耍，还在轻松的氛围中跟孩子及时地沟通交流，把"黄金时间"过得美好又有意义。

每周给孩子一段"黄金时间"，是给孩子最好的陪伴。父母跟孩子打成一片，真心沟通交流，其乐融融，能让亲子关系更加和谐。

在陪伴孩子的"黄金时间"中，父母可以安排很多项目。为了引起孩子的兴趣，还可以随机安排，这样父母的陪伴会更有意义。

周慧是朋友家的女儿，家里就她一个孩子，朋友把她照顾得非常妥帖。每周朋友都会陪她做不同的事。

"周慧，每周你爸妈都会特意陪你玩吗？"小语问周慧。

"对啊，我爸妈会陪我做各种有意思的事，我非常开心。"

周慧告诉小语，有时爸妈会给她读书，有时也会一起看很有意思的碟片。除了这些，还经常一起在家里做好吃的，或做家务活儿。周慧认为，只要有爸妈的陪伴，做什么事都很有意思。

"哇，是挺有意思的。你们不出去玩吗？"小语很好奇。

"出去啊，出去玩的就更多了。"

他们户外的活动更丰富了，一起踢球、跑步、钓鱼、看电影、逛街、看话剧或者去旅游等。

"真的挺有意思的，以后我也要让妈妈来规划我们每周一次的活动。"

周慧爸妈的安排，的确非常合理，让他们的生活变得更加多姿多彩。

很多父母都来咨询过我，问我每次陪伴孩子时做什么事最合适。通常我会把周慧父母的做法提供给大家，并告诉他们："父母跟孩子可以做的事有很多，只要是有益孩子身心健康、孩子喜欢的事都可以做。最好还要随机安排，孩子会更满意父母的陪伴。"

每个孩子的业余爱好和休闲方式都不一样，父母可以根据孩子的喜好来安排游戏、玩耍的方式，让孩子玩得尽兴。如此，每周的"黄金时间"才会变得更有意义。

父母给孩子安排的"黄金时间"最好是周末，在保证孩子时间充足、没有压力的情况下跟孩子交流、做游戏的效果会更加好。父母要学做"周末父母"。

陶京的同学苏阳来家里找我，他说："现在的父母真难做，孩子太难伺候了。"

苏阳经常到我这里取经，知道最好每周都要好好陪孩子玩，但他女儿苏云不是很配合。

"上周三晚上我带她去海底世界玩，她可高兴了，当时她还说下周还要继续来。然后这周三我提议带她去，结果她生气了，说我太不了解她的作息，她的作业还没写完，问我怎么去啊？"看得出来，苏阳很生气。

"虽然苏云的口气不太好，但她说得也有道理。毕竟孩子在上中学，课业压力比较大。我建议，你回去跟孩子好好商量一下，最后达成共识，把'黄金时间'定在周末。在周末，孩子的心情会比较放松，跟父母沟通、玩耍也会更尽兴。"我觉得最好的时间是周末。

"唉，我真不知道如何是好。明明上次说好了是周三，到时候却变卦了。谁知道说好周末，她会不会还变卦啊？"感觉苏阳也闹起了孩子脾气。

后来，我出面跟苏云沟通了一下，她也觉得周末最好，说："爸爸想要带我去海底世界，我很高兴，但这个周三的作业真的很多。周一到周五的作业量每天都不一样，我也很苦恼。"

"这样，你跟爸爸就约定周末好了，大家都尽量抽时间。如果时间需要临时变更的话，一定要提前通知对方。"

苏阳和苏云终于达成共识，周六下午准时出去玩。

虽然定"黄金时间"是件小事，但父母必须跟孩子细心交流，多找孩子心理轻松、时间充裕的时候。

父母尽量在周末陪孩子，不仅是因为周末时间充足，更重要的是在周末孩子的心情会比较放松。在公共休息日，游戏、交流的气氛也会很浓。

为了不让孩子感到孤单，让孩子健康成长，父母要有陪伴孩子的计划，每周至少安排一次"黄金时间"跟孩子交流、游戏，让孩子在陪伴中感受亲子间的默契和温暖。

父母首先要有陪伴孩子的意识，其次要根据孩子的喜好决定交流方式和游戏内容，最好挑选孩子时间充裕、精神放松的时候，通常周末是最好的选择。

孩子不需要陪
——时间是挤出来的，掌握挤时间陪孩子的窍门

父母的社会竞争压力很大，很多父母把时间都给了工作，对孩子无暇顾及，要不就是把孩子交给老人，要不就是交给保姆。这是非常错误的方式，父母再忙也要抽时间陪孩子。

父母首先要学会提高自己的工作效率，尤其是在家时，尽快完成自己的事，然后节省时间跟孩子相处，这是最合适的方法。

一直以来，陶京陪小松的时间很少，小松很不满，他经常跟我抱怨说："我听奶奶说，小语小时候爸爸陪她的时间可多了，轮到我的时候，爸爸就不陪我了，真让人生气。"

"不是这样的，这几年爸爸的工作越来越忙了。"虽然我在给陶京打圆场，但我也认为陶京对小松的陪伴不够。

晚上我跟陶京去同事家吃饭，在路上我跟他说："你以后多抽时间陪陪小松吧，你看别人的爸爸跟儿子多亲密啊，你做得太不好了。"

"我现在工作多忙啊，哪儿有专门的时间来陪他？"现在的生活压力越来越大，陶京一门心思都在工作上。

"工作重要还是孩子的成长重要？"我反问他，"时间都是挤出来的，你有看球赛、看电视的时间，难道就没有时间陪孩子？"

"我就那么一会儿放松的时间，难道这个也不可以啊？"

"你平时在家做事的时候，要提高一下自己的效率。吃饭、洗漱、看电视、看报纸的时候，尽量快一些，这样时间就省出来了啊。"生活中的很多

小事都是可以省时间的。

觉得我说得有道理，陶京同意了我的提议。

第二天，他在吃晚饭的时候一边吃饭，一边跟小松聊天；平时要看半小时电视，这次陶京只看了20分钟就陪小松玩去了；除此之外，陶京的起床时间比平时也早了20分钟，跟小松一起完成了晨跑。

陶京上班之后，小松偷偷跟我说："妈妈，你有没有觉得爸爸很奇怪，他现在居然开始主动花时间陪我了。虽然时间短，但我很喜欢。"

"你高兴就好，妈妈相信，以后爸爸会做得更好，我们一起拭目以待吧。"看到小松高兴我也很开心。

陪孩子的时间是挤出来的，如果一味地等着专门花时间陪孩子，会有些不现实。提高平时生活中的做事效率，是抽时间的有效方法，也是比较可行的办法。

父母要有挤时间陪伴孩子的意识，有了意识才会有行动，不能经常以工作太忙为借口而忽略了孩子。

有一次，我跟着记者去做家庭教育采访，主要采访的对象是父母，其中大部分的父母都没有挤时间陪孩子的意识。

"您平时在家陪孩子的时间多吗？"记者在路边采访一位年轻男子。

"说实话还真不多，主要是工作太忙了，实在没时间。"年轻男子如实回答。

"请问您是做什么工作的？"

"我是做建筑的，下班后还要作图弄创意，太忙了。周末自己也很累，会跟朋友去休闲娱乐一下。"年轻男子说得理所当然。

"那您跟孩子的关系好吗？"

面对记者的再次发问，年轻男子脸色微变，然后匆匆离开了。

之后，我们又采访了一位上班族妈妈。

"您平时陪孩子的时间多吗？"记者问了相同的问题。

"当然不多，现在的竞争压力这么大，每天都忙死了。"

"您没尝试抽时间陪孩子吗？"

"真的太忙了，抽不出时间啊。再说了，我家孩子才八岁，跟我们大人玩不到一块去，平时跟小伙伴玩就可以了，不需要大人陪。"

"您的孩子性格怎样？"

"唉，是个淘气包，跟我们也不是很亲近，每天说不了几句话。没事，孩子还小，长大就好了。"说完，这位妈妈拿着文件匆匆离开了。

其实，父母再忙也能挤出时间陪孩子，之所以认为没时间，完全是因为缺乏挤时间的意识。陪孩子不一定非要很长的时间，时间挤挤也肯定会有的。

父母陪孩子的时间是挤出来的，要学会充分利用好任何一点闲暇时间。父母再忙也不会每天二十四小时都在工作，只要有心总能挤出时间。

"爸爸，你每天早出晚归的，一天连个人影也看不到，你都在忙什么啊？"一次吃早饭的时候小松忍不住问陶京。

"还不是忙着赚钱，"陶京匆匆扒着饭，连头都没抬，"不赚钱怎么养活你们啊？"

小松听了很不舒服，想继续跟陶京讲理，被我适时制止了。

我拿着陶京的包送他出门，跟他说："以后你要学会挤时间陪孩子，时间挤挤总会有的。"

陶京虽然比较粗心大意，但只要认为是对的，他肯定会做。

之后，陶京每次出门之前，都会正儿八经地跟小松打招呼，并嘱咐他今天要听话；平时只要小松在家，陶京会趁着工作不忙时往家里打电话，跟小松聊几分钟；几乎每天晚上，陶京都会抓紧时间洗漱，然后挤出15分钟的时间再跟小松聊会儿天或者玩游戏。

"妈妈，爸爸现在好像变了，虽然工作看起来还是忙，但他有时间陪我了，我很高兴。"虽然陶京花的时间不长，但他还是做到了挤时间跟孩子沟通，这很难得。

后来，我又教给了陶京几种挤时间的方法，他陪小松的时间又变多了一些。

再有跟我抱怨工作忙，挤不出时间陪孩子的父母，我肯定会用陶京的事例让他们知道，时间挤挤是有的。

对孩子来说，父母的陪伴非常重要。父母需要学会如何在百忙的工作中挤出时间，陪伴孩子健康成长，不能因为工作忙没时间就把孩子交给他人照顾。

父母要意识到陪伴孩子的重要性，要增强挤时间陪孩子的意识，同时还要学会用正确的方式挤时间陪孩子。事实证明，父母再忙，也能挤出陪孩子的时间。

我不要你陪
——把陪孩子的每一分钟都用到位

对父母来说,陪伴孩子是一种责任,不是草草了事的行为。父母要学会给孩子高质量的陪伴,让孩子从心里感受到温暖,让每一分钟都花得有价值。

父母在陪伴孩子时,要根据孩子的具体需求,在不打扰孩子状态的情况下,选择孩子喜欢的陪伴方式,这是让陪伴产生积极意义的重要前提。

上次我去医院检查身体,正好碰到了老朋友陈倩,她来医院陪她儿子王风检查眼睛。

"小风怎么了?"我们一起坐在走廊的座位上等小风从检查室出来。

"唉,小风没事就玩手机,天天玩,现在把眼睛都看坏了。"陈倩说得很无奈。

"你应该多陪陪孩子,别让他把所有时间都花在玩手机上。"孩子得不到父母的陪伴,就会选择其他方式来打发时间。

"我也想陪他,但他都不喜欢,没一会儿就说我太没劲了,真是一点方法也没有。"

陈倩告诉我,她也想跟小风一起出去玩,一起去旅游或一起做屋外运动,但小风不喜欢这种陪伴方式,总是说没意思。

"孩子跟大人的想法不同,你要懂得尊重孩子,选择他们喜欢的陪伴方式,这样才能赢得孩子的好感,接受父母的陪同。"

如果父母不了解孩子喜欢做什么,喜欢用什么样的方式跟父母相处,是很难让孩子心甘情愿跟父母一起沟通交流或玩耍的。

后来，陈倩为了让王风戒掉"网瘾"，每天都会让丈夫带着王风去打篮球。有了爸爸的陪伴，王风玩手机的时间渐渐变少了，因为篮球一直是他的最爱，只是家里很少有人陪他玩罢了。

总之，陪孩子做自己喜欢的事，他们才会真心高兴，并乐于接受。很多时候，孩子拒绝陪伴是因为他们不喜欢父母的方式，找不到乐趣。

父母要想做到高品质的陪伴，就需要全心全意地跟孩子互动，不能一边陪伴孩子，一边想其他的事。如果不能做到专心投入，心无旁骛，对孩子的陪伴就肯定不到位。

很多父母对"陪伴"的理解都有误，远房亲戚杜鹃来找我的时候，就认为陪伴孩子是简单地跟孩子在一起。

"我经常陪伴孩子，但孩子还是问题不断，甚至说我不关心他，这到底是怎么回事啊？"面对杜鹃的疑惑，我开始跟她闲谈。在聊天过程中，我发现，她口中所谓的"陪伴"就是单纯地跟孩子在一起，没有专心，没有投入，甚至敷衍孩子。

杜鹃在陪伴孩子的时候，通常不是打电话、上网，就是脑海里想着工作的事，对孩子的话左耳进，右耳出，很多时候还会不耐烦地敷衍。

有时候，她也认为这样对孩子是不妥当的，于是就耐着性子跟孩子聊天或玩游戏，她压抑着内心的真实感受。但是孩子也不是傻子，他能感受到妈妈的敷衍，也知道他们之间没有真实的沟通和交流。因此，孩子对妈妈越来越不满，甚至经常做一些不好的事来报复妈妈。

"你花了不少时间陪孩子，但是效果非常差，原因就是你没有真心实意地陪孩子，你不良的情绪状态和虚假的陪伴，让孩子很生气，也很反感。"陪伴孩子的质量取决于父母的真心、专心与否。

"那……那我以后注意一下吧。"杜鹃终于意识到了自己的不足之处。

"高质量地陪伴孩子，就要在特定时间里，跟孩子身心一处，这样才能提高陪伴质量，又不浪费宝贵的时间。"

很多时候，父母陪伴孩子的时间多少并不是决定陪伴质量的主要因素，在有限的时间里，让孩子感受到父母的真心专注和重视，他们才能获得真正的满足。

在陪伴孩子的过程中，跟孩子对话的内容要简洁具体，这样孩子才能更好地理解父母的意思，提高陪伴孩子的效率。

林跃是我朋友的儿子，爸爸妈妈的工作都比较轻松，经常可以在家陪他玩，但是林跃一点也不高兴，认为爸妈太烦了。

"你说林跃这是怎么回事？"朋友跟我抱怨，"很多孩子想要父母陪，大人还都没时间，我们天天陪着他，他还不领情？真让人伤心，真想不管他了。"

"我觉得不是孩子的问题，你们的陪伴是'捆绑'式的。也可以这样说，是陪伴的效率太低了。如果你们可以充分利用好陪伴孩子的每一分钟，完全可以减少时间，而且效果也会很好。"

"你觉得孩子烦我们，是我们花费的时间太长，陪伴的效率很低？"朋友反问我。

"对，就是这个意思。你陪伴孩子聊天时，内容要简洁具体，提高每一分钟的效率。这样，你的陪伴才更有效，孩子也不会厌烦。"

朋友听了我的话，在陪伴林跃的时候，非常注意语言的简洁性。尤其是在跟林跃聊天时，不再轻易讲很多大道理，而是言简意赅地跟他沟通交流。

虽然陪伴林跃的时间缩短了，朋友却充分提高了每一分钟的效率，林跃也开始喜欢父母的陪伴了。对他来说，陪伴不再是一种捆绑，而是一种最好的沟通交流方式。

"你说的方法还真有效，林跃不但不再厌烦我们的陪伴，竟然还说喜欢了。看来还真得提高陪伴的效率，这样才能更好地跟孩子沟通交流。"

"把每一分钟用到位，用简洁具体的话语跟孩子沟通，才是陪孩子的最好方式。"这一直以来也是我的主张。

父母把陪伴孩子的每一分钟都利用好，不但可以节省时间，还能提高陪伴的效率跟效果，让孩子真心喜欢上父母的陪伴。

有些父母陪孩子的时间不少，品质却不高，究其原因就是因为父母没有高质量陪伴孩子的意识，误以为陪伴孩子只是单纯地在一起。

事实上，提高陪伴孩子的质量需要注意很多问题，选择孩子喜欢的陪伴方式、全心投入地跟孩子交流、跟孩子用具体简洁的话语等都是需要注意的问题。重视这些方式，才能让陪伴更到位。

沙坑不是这样跳的
——放下功利心，陪伴不是"绑架"

孩子需要父母的陪伴来进行娱乐，放松心情，有时父母却不这样认为，他们希望孩子在玩时也要锻炼某种能力。如此，孩子会紧张，会无法全身心地放松，这不是陪伴，是"绑架"。

父母要明白，陪伴孩子的目的要单纯，是为了让孩子放松身心，促进亲子间的感情交流，不能带着功利心和教育目的。父母不能剥夺孩子一切休闲放松的机会，陪伴不能带着"绑架"的意味。

有一次，我去楼下散步，走到草坪旁边时，注意到一对正在玩球的母女。妈妈带着女儿玩得很开心，我不由得停下了脚步。

但是，没过一会儿，不愉快的事就发生了。

"女儿，妈妈陪你玩，你高兴吗？"妈妈弯着腰跟女儿说。

"高兴啊，当然高兴，我最喜欢玩了。"女儿笑得很开心。

"那妈妈带你去玩会儿沙坑吧？"不知为什么，妈妈忽然改变了注意。

女儿想了想，不是很高兴地说："那好吧。"

妈妈带着女儿走到沙坑边，给女儿示范了一下标准动作，然后说："你要按照妈妈的姿势跳啊。"

女儿攒足力气，使劲儿往前跳。

谁知妈妈很不满意，她拿出体育课上跳沙坑的标准来要求女儿，女儿一边跳，她一边指导，说这里不对，那里不好，总之就是女儿的动作不标准。

过了一会儿，女儿生气了，她冲到妈妈身边说："妈妈，我不需要你陪我玩了,这是玩又不是上体育课,干吗这样对我?我以后再也不跟你玩了,离我远点。"

说完女儿就"咚咚"跑远了,任凭妈妈在后面怎么叫也不回头。妈妈只能自己回去,一边走,还一边小声嘀咕:"我这不是为了你好吗?"

父母在陪伴孩子时,要真心让孩子快乐,让他们得到放松,如果一直带着目的,孩子必然会感到沉重、紧张,把父母的陪伴当作桎梏。

父母在陪伴孩子时,不仅要放下功利心,还要全身心地投入陪着孩子一起玩,一起谈心,让孩子感受到轻松愉悦的氛围。这样,孩子才会从心里接受、喜欢父母的陪伴。

有一位苦恼的妈妈来找我谈心,她说女儿越来越讨厌她的陪伴。有时两个人在一起玩,过不了多久就会引起女儿的反感。

"我也想好好陪伴孩子,但为什么没一会儿她就反感了呢?"

"在陪孩子的时候,你是不是喜欢说教或限制孩子?"我认为这是很多父母的通病。

"好像是,我总忍不住提醒她一些事,希望她能做好。"

"这就是了,孩子在放松的时候最不喜欢父母带着目的的说教。以后你主动陪伴孩子一起玩时,要放下自己想要不停说教的心。"

这位妈妈虽然有些难以接受,但还是一天天改掉了。

她在陪伴女儿的时候,把女儿当作朋友,两个人一起投入地谈天、说笑、做游戏。

在公园捉蝴蝶的时候,她跟在女儿身后一起捕捉,女儿的笑声如同银铃般清脆。现在的她选择了分享女儿的快乐,而不再像以前那样强迫女儿认识蝴蝶种类、学习生物知识了。

孩子的快乐是建立在没有功利性的陪伴过程中的,父母要懂得给孩子真正的自由和放松的心情,不能时时刻刻让孩子感觉到束缚。

这位妈妈改正了自己的习惯后,女儿就对她不再那么反感了。

孩子喜欢跟能带给自己轻松的父母在一起，所以，父母要懂得用心分享并体验孩子的快乐，放弃目的心理，增进亲子感情。

父母在陪伴孩子时，还要主动帮助孩子放松情绪，降低孩子的心理压力，从而让孩子更愿意跟父母互动交流，接受父母的陪伴。

小语跟我说过，班上很多孩子都不太喜欢跟父母一起玩，感觉心里很不自在。

"大家为什么会这样想呢？"

"估计是很多父母都喜欢说教，喜欢束缚孩子的原因吧。"小语跟我说。

小语的想法很对，很多孩子不愿意跟父母互动，不愿意接受父母的陪伴，是因为跟父母在一起时不自在，会产生很多需要避讳的问题。

陶京的表弟带着儿子壮壮来家里玩，小松拿出了自己的黏土让壮壮捏泥人。谁知，壮壮看了表弟一眼，就是不伸手接。

表弟很无奈地说："只要我在旁边，壮壮就什么也不想做，老怕我说他做得不好。"

后来，我给了表弟一个建议，要想让孩子愿意接受他的陪伴，就必须打破孩子的防备心理，让孩子放松下来。

表弟听后觉得确实应该这样做。

"儿子，爸爸跟你玩好不好？"表弟跟壮壮说。

"我不想跟爸爸玩。"

没办法，表弟只能去其他房间歇着了。

表弟走了之后，壮壮跟小松玩得很高兴。过一会儿，听到我咳嗽，表弟就过来了，他指着壮壮的泥人说："儿子，你的黏土玩得真好，爸爸也想跟你学。"

壮壮没想到爸爸会这样说，想了想就接受了。

表弟离开时，我告诉他，不要总想着如何教育孩子，要学会让孩子放松情绪，减少对大人的防备感。这样的陪伴才是有效的，不会让孩子有被"绑架"的感觉。

父母喜欢随时随地管教孩子，这似乎已经是理所当然的事，但肯定会引起孩子的排斥心理，从而拒绝父母的陪伴。要想让孩子自在坦然，父母就必须改正自己的习惯，学会让孩子放松心情，坦然接受自己的陪伴。

现在越来越多的父母都感觉跟孩子的互动变少了，主要原因是父母对孩子的期望太高，在陪伴孩子时也带着目的心理，希望孩子什么都能学会、做好。殊不知，这对孩子来说是一种心理上的"绑架"。

父母要明白，陪伴的目的很单纯，就是要让孩子放松娱乐，享受到乐趣。所以，父母要学会全身心地投入跟孩子玩，完全放下功利心，让孩子喜欢上父母的陪伴。

第三章 对孩子的爱,是无条件的

想学什么就学吧
　　——你给孩子的爱，是无条件的吗？

　　父母对孩子的爱是无条件的，是可以让孩子真切感受到的。缺乏爱的孩子不仅缺乏安全感，甚至会对周围的人和事产生怀疑，影响孩子的健康成长。

　　父母可以扪心自问一下，自己对孩子的爱是无条件的吗？无条件的爱最重要的表现之一就是无论孩子如何，父母对孩子的爱都不会改变。
　　曾经我在当班主任的时候，班里有一对孪生姐妹，姐妹俩不仅长得像，学习成绩也都很优秀，可以说是不相上下。
　　后来，不知道是什么缘故，妹妹的成绩下降了很多，我跟她谈过几次话，希望她可以自己多找找原因，然后及时改正。
　　又过了一段时间，妹妹的成绩不仅没提高，连性格也变得很怪异，在学校里不仅跟同学吵架，还跟姐姐吵架。
　　我意识到了事情的严重性，上自习的时候，我把妹妹叫进了办公室。
　　在对妹妹做了很多沟通工作后，妹妹告诉我说："老师，我现在很恨我的姐姐，也恨我的爸妈，甚至也恨我自己。自从我的成绩下降之后，我就发现爸妈不爱我了，他们天天对着姐姐嘘寒问暖，对我不理不睬，他们不爱我了。"
　　"不会的，爸妈不可能会不爱你，肯定是你想多了。"我安慰妹妹，希望她的心情能好点。
　　后来，我又进行了家访，最后证明，妹妹的想法是有依据的，在家里爸妈对姐姐的态度，要比对她的好很多。我告诉她们的爸妈，希望他们无条件地爱孩子，不能只喜欢成绩优秀的，否则这样对妹妹的伤害很大，如果一直这样，父母对孩子的爱就太自私了。

父母无条件的爱，是孩子健康成长的希望之光，一旦其中夹杂了其他因素，就容易误导孩子，甚至伤害孩子。父母不能因为孩子不够好，就减少对孩子的爱。

在孩子的成长过程中，父母不能只按照自己的意愿去要求孩子，而是要尊重孩子的想法，让他们自己选择成长方向和生活方式，这才是无条件地爱孩子。

我小时候有段时间也挺生爸爸的气的，那时我一度怀疑，爸爸根本就不爱我，我只是他的希望和骄傲的工具。

小时候，爸爸对我的要求非常严格，一放学回来就必须立即写作业；吃过晚饭，还要临摹两大张书法字帖才能睡觉；我的成绩也一定要保持在前五名，否则爸爸就会不高兴。

我记得，有一次我拿了书法比赛的奖，可把爸爸乐坏了，他几乎见人就说："我女儿可有出息了，小小年纪就拿了奖，以后肯定是个了不起的书法家。"

我听了却不以为意地撇撇嘴，心想，自己才不要当书法家，才不想按照爸爸的要求去生活，我要按照自己的意愿活。

后来我不练书法了，为此，爸爸还狠狠骂了我一顿，说我不求上进，不知道为他长脸争光。

我当时也很气恼，生气地说："你老想着我替你争光，你有没有想过我自己的想法，人生是我自己的，为什么一定要听你摆布？你根本就不爱我，只爱你自己！"

自那天之后，我跟爸爸有很长一段时间都没说过话。直到我有一天放学，爸爸走过来说："爸爸错了，不应该让你按照我的方式去生活，你应该按照自己喜欢的方式生活。但是，爸爸是爱你的，是非常在意你的。"

现在我理解了爸爸当时的苦心，小时候却不这样想，所以曾一度跟爸爸的关系很紧张。

生活中，父母不能只按照自己的想法来替孩子规划人生，让孩子循规蹈矩地生活。爱孩子，就要学会尊重、成全孩子的选择，让他们幸福快乐地成长。

父母无条件地爱孩子，就是要一直陪伴孩子成长，成为他们的依靠和朋友，如此孩子会感觉更有安全感，跟父母的关系也会更融洽。

曾经有一位爸爸给我打来电话，通过电话我能听出他的失落和沮丧。

"我跟儿子的关系真是糟糕透了，现在真不知道该如何面对他了。"

我一时难以理解，是什么样的事可以让爸爸失望成这个样子，我问他："你能说说具体发生什么事了吗？"

"我平时工作忙，回到家想跟儿子亲近，但他很排斥我，还说我不爱他，只爱自己的工作。我知道我工作忙，但赚钱还不是为了让家人过好日子，儿子却不理解。"

听了他的话我明白了，这种咨询我遇到很多了。

"很多时候，孩子真正需要的不是很好的物质条件，而是父母的关心和陪伴。"我说。

"可我不能没有工作，不能一直在家陪孩子啊，这太不现实了。"显然这位爸爸无法平衡好工作和陪孩子的时间。

"孩子的成长是个不可逆转的过程，他们需要父母的爱，需要父母的陪伴。如果你连陪孩子的时间都没有，还谈什么爱孩子？你无法深入了解孩子的内心，孩子当然也不会理解你的行为。"这个简单的道理，经常被人忽视。

"我以后尽量做好吧。"

"只要有心，时间都是可以挤出来的。生活中点点滴滴的关心和爱护，孩子都是可以感受到的，你一定要陪伴孩子成长，这是对他最好的爱。"如果没有父母的陪伴，孩子必然无法感受到亲情那无私的爱。

父母爱孩子，就必须花时间陪伴孩子，这是毋庸置疑的事。缺少父母陪伴的孩子，很容易变得情感淡漠，无法跟父母亲近。

孩子来到世上，父母就必须对他们负责，不论孩子优秀与否或变成什么样子，父母对孩子的爱都是无条件的，不能用爱威胁孩子、伤害孩子。

父母的爱是无私的，只要孩子能健康快乐地成长，父母就要尽全力去满足孩子，保护孩子，成为他们最坚强的依靠。如此，才是真的爱孩子。

我偷了柿子
——给孩子无条件的爱

父母对孩子无条件的爱是亲子关系和谐与否的重要因素，是建立良好的亲子关系的基础。如果缺乏，父母与孩子之间必然会出现矛盾，整个家庭也有可能会不幸福。

如果父母不能对孩子付出无条件的爱，就难以建立完美的亲子关系。孩子无法真正感受到家庭的温暖，会受到伤害，无法正常地健康成长。

我去给小松开家长会时，看见了至今难忘的一幕，现在想想，那个女孩还是挺可怜的。

当时，所有孩子的父母都到齐了，正准备开家长会，我听到后面传来了低泣的声音。一个女孩自己坐在那里，旁边没有父母的陪伴。

"妈妈，她叫宋佳，她的父母都不来。"小松小声地跟我说。

"她父母是不是很忙啊？"起初，我以为是家长太忙了，所以才没来。

"不是的，"小松继续说，"这都是'惯例'了，每次只要她的成绩不好，父母就不来。这次她考得不好。"

我听了不禁有些同情那个孩子。

开完家长会，我悄悄跟着宋佳走出教室，然后跟她谈了谈。

"别难过了，他们肯定是有苦衷的。"我只能这样安慰她。

"苦衷？不会的，"女孩擦干眼泪，故作坚强地说，"他们每次都这样，我考得好，他们就来，考得不好就不来。他们根本就不爱我，我受够了，这次再也不会原谅他们。"

我还想开导一下宋佳，帮她解决问题，但她态度很坚决，情绪也很激动，根本听不进去我的话。

后来，没过几天，我就从小松口中听说了宋佳退学的事，她跟父母闹得很不愉快，说什么也不上学了。亲子关系弄得这样紧张，宋佳父母急得不知如何是好。

孩子年纪小，情感比较敏感和脆弱，如果父母不能对孩子付出无条件的爱，孩子就无法获得心灵上的安定和安全感，就无法跟父母建立深厚的感情，亲子关系自然很难和顺完美。

孩子是依赖父母的爱成长的，因为有爱，孩子才能安心健康成长，对父母充满感情。父母无条件的爱是建立良好亲子关系的有力保障。

小语总是跟别人说："我和妈妈的关系简直跟好朋友一般。"

每次听到她这么说，我都很高兴，我认为这是孩子对我最好的认可。

我记得，小语小时候有一次跟奶奶回老家，那里有很多她没见过的新鲜东西。她尤其喜欢那一大片柿子林。

小语很想去偷偷摘几个，于是趁奶奶午睡时，她就一个人去摘柿子。但正好被看柿子林的老人发现了，老人狠狠地批评了小语，还非要她找大人来。

奶奶跟那个老人说了一些好话，老人才离开。奶奶批评小语，说："你怎么能这样呢？你这样的行为是偷窃，如果你养成习惯，早晚有天会被警察抓走的。"

小语从没遇到过那样的事，心里又后悔又害怕。

她跟奶奶从老家回来之后，都不敢看我。

"小语，你是不是有什么事瞒着妈妈？"其实奶奶已经跟我说了柿子的事。

"妈妈，我错了，我偷柿子了。你不要骂我，我以后再也不敢了。其实我很害怕，我害怕你知道了就不再喜欢我。"小语很难过。

"谁都会犯错误的,你放心,不管你做了什么,都是妈妈的女儿,这一点永远不会改变。但是,你一定要改正错误,知道吗?"孩子的内心脆弱,知道做错事后他们也很自责。这时,父母最好要及时跟孩子表达一下爱意,让孩子放心。

"我以后再也不会了,妈妈你肯定还会跟以前一样爱我,对吗?"

"对。"我摸了摸小语的头。

想要跟孩子处好关系,父母就必须付出无条件的爱,给孩子足够的安全感,让孩子充分信赖父母。在此基础上,才能建立完善的亲子关系。

给孩子无条件的爱还需要正确的方法,如果父母的表达方式不对,很容易让孩子误解,甚至引起怨恨。只有掌握正确的表达方法,才能避免这些。

有一次,我带着小松去早市吃早餐,我们旁边也坐着一对母子,没过一会儿就听见他们吵了起来。

"妈妈,我跟你说过很多次了,我不喜欢喝小米粥,你为什么非要让我喝?"儿子很不满地嘟囔着。

"你这孩子是怎么回事啊?这么大了还挑食,别说废话,赶紧喝。"妈妈的语气很凶,这下儿子更不乐意了。

"我就不喝,就是不喝。"儿子也不妥协。

妈妈气急了,抬手就给了儿子一巴掌,儿子哭着跑了出去。

我走过去跟那位妈妈攀谈起来。

"你说这孩子怎么不知道我的苦心啊。他的胃特别不好,医生说小米粥养胃,要他多喝点,但他就是不能理解我是为了他好。"妈妈因为儿子不理解自己而伤心。

"我知道,天下无不是的父母,"我拿了张纸巾递过去,"但你可以改改跟孩子说话的方式,让孩子感受到你的爱。拿今天的这件事来说吧,你完全可以告诉儿子,你知道他不喜欢喝小米粥,但为了他的身体,你还是希望他喝掉。这么一说,孩子就很容易感受到你的爱了。"

"嗯，我平时也不太注意表达，看来以后得改改了。"

"对，只有让孩子感受到爱，你的表达才过关。"我鼓励她去这么做。

很多时候，不是父母不爱孩子，而是用错了方式或不能正确表达。为了让孩子感受到父母的爱，父母很有必要学习正确表达，这样才能建立好亲子关系。

感受到父母无条件的爱，孩子才会安心、幸福，才能以正常健康的姿态积极成长。相反，如果孩子感受不到，就难以跟父母建立深厚的感情，亲子关系肯定会出现矛盾或破裂。

爱孩子不应该抱着有目的的心态，而要让孩子感受到最纯粹的爱，给孩子安全感、幸福感，如此才能建立完美的亲子关系。

什么都买给你
——有条件的爱是颗糖果，里面却包着"毒药"

有条件的爱是无条件的爱的"赝品"，很多父母对孩子表现出来的爱都是有条件的。孩子取得的成绩优秀与否，都跟父母的爱成正比。这样的爱只会给孩子带来负面影响。

父母有条件的爱会让孩子感到受伤和失望，会质疑父母对他们根本就不是真的爱，而是把他们当作某种工具。这么一来，孩子是很难获得快乐的。

有一次，我去一个学校做演讲，在回来的路上，看见一个女孩背着大大的书包，低着头慢慢悠悠地走，看起来心情很低落。

我走过去跟她说话，她认出了我，我们一路边走边谈。

"你是不是遇见什么事了啊？怎么看起来很不快乐。"我小心翼翼地问道。

"我爸妈都不是真的爱我，我还怎么会快乐啊？"女孩说得非常沮丧。

女孩告诉我，在家里，只要她犯了错误或达不到父母的要求，父母就会跟她说："告诉你，你再这样我们就真的不爱你了，这样喜欢闯祸犯错的女儿有什么用啊？"

有一次，女孩在英语竞赛中获奖了，父母对她的态度立刻就变得不一样了。

"你表现得真好，妈妈真是以你为傲！"

"你想要什么爸爸都会买给你。"

虽然父母对女孩热情了很多，但她还是不快乐。

"您说我爸妈是真的爱我吗？根本就不是！"说到这里，女孩都快哭了，"我表现好了，他们就表现得很爱我，一旦我表现不好就对我冷言冷语，我实在受不了了。我要的不多，只是希望爸妈能真正地爱我而已。"

我非常理解女孩的心情，很多父母都是这样，对孩子表达爱的多少，跟孩子的优秀程度成正比，这样一来孩子很自然就会怀疑父母的爱。孩子最在意父母的爱，面对这种讲条件的爱，孩子怎么会快乐？

父母是孩子的依靠，是孩子最信任的人。孩子最害怕的就是得不到父母的爱，一旦感觉父母不是真的爱自己，孩子就会很伤心。这样孩子就很难真正快乐了。

对孩子来说，父母有条件的爱就像一剂"毒药"。孩子会因为父母的"条件"要求，而变得患得患失，充满恐惧不安。

陶京的脾气比较暴躁，每次只要小松犯错了，他都会狠狠批评小松，有好几次都把小松骂哭了。

"我告诉你，我最讨厌爱惹事的孩子，你要是惹事了就不是我儿子！"陶京经常这样冲着小松吼，我说了很多次他也不改。

有一天，我上班途中回来拿东西，发现小松悄悄走进了自己房间，拿着旅行包收拾自己的东西。我觉得很奇怪，就走了过去，小松顿时吓了一跳。

"儿子，你这是在干什么啊？"

"妈妈，我想离开家几天，不然爸爸肯定会把我赶出家门的。"小松看起来非常害怕。

"到底是怎么回事？"我问他。

"我，我跟同学闹着玩，不小心把他的头打破了，我真不是故意的。妈妈，爸爸要是知道了，肯定会跟我断绝关系，我真的好害怕啊！"

"不要怕，爸爸不会赶你出去的。"我从没见小松这么害怕过。

"会的，爸爸一直说，我要是闯祸了就不是他儿子。"

"谁都会犯错误，改正了就是好孩子，儿子，不要怕啊。"我走过去轻轻抱了抱小松。

陶京一直用"条件"来约束小松，让孩子对"爱"充满了不安全感，一犯错就恐惧不安。

陶京回来后，我跟他进行了深入沟通，告诉他一定要让小松知道，他的爱是无条件的，不会因为他犯错就不再爱他。

有时父母为了激励孩子，会用一些不妥当的方式来跟孩子"谈条件"，这么一来，孩子一旦无法满足父母的要求，就开始害怕担忧，这不利于孩子心理健康的塑造和发展。

父母有条件地去爱孩子，会让自己的爱折价贬值，孩子慢慢也会学习父母的方式，变得很难用真心爱人，只会用得失来衡量。

"儿子，你要是考第一名，我就给你买部好手机。"

"你好好写作业，周末我就带你去旅游。"

朋友老赵经常这样跟他儿子提条件。他儿子也习惯了，要想从爸爸这里得到什么，必须要付出些努力。

慢慢地，他儿子就认为，不论跟谁在一起，爱都是有条件的，都是明码标价的。

在学校里，他儿子一个朋友都没有，大家都觉得他太"势利"了，跟同学在一起也是"唯利是图"，凡事都讲条件。渐渐地，大家都开始讨厌他。

有一次，同桌因为生病住院，想借儿子的笔记抄一下，他儿子却说："我给你抄也行，但你必须把你上周买的新笔记本借我玩几天。"

"拜托，我们可是朋友，你怎么能跟我讲条件呢？如果这样，那我们之间的友谊算什么？你简直是个'冷血动物'。"同桌很生气，径直去借别人的笔记了。

他儿子不仅跟同学关系紧张，跟父母之间的感情也越来越淡薄，他已经习惯性地认为，所有的爱都是有条件的，爸爸妈妈跟他提要求，也必须答应他的条件，这才公平。

我实在不敢想象，老赵的儿子长大后会成为什么样的人，如果一直这样，估计连婚姻也是不幸的。

所以，我经常告诫父母，不要用有条件的爱对待孩子，这种"毒药"总有一天会给孩子带来无尽的后遗症。

所以，父母要以身作则，学会无条件地爱孩子，否则必然会影响孩子的一生，它很可能会成为所有不幸的根源。

每个孩子都希望父母对自己的爱是无条件的，是一直不会改变的。父母爱不爱孩子，不只是表现在给不给孩子爱，有条件的爱对孩子的伤害会更严重。

父母给孩子有条件的爱，就如同一剂"毒药"，会让孩子质疑父母的爱和伤心难过，让孩子的心里充满不安和恐惧，甚至让孩子失去爱人的能力，把爱当作一种条件交换。

我给你请了假
——你的信任和欣赏，是给孩子最好的爱

父母是孩子最亲近的人，父母的信任和欣赏会让孩子充满感激，这也是父母向孩子表达爱的最好方式。父母给予的信任和欣赏越多，孩子会感觉越幸福。

父母对孩子的欣赏，就像一抹温暖的阳光，让孩子充满活力，变得更加自信、优秀。父母爱孩子，就要用欣赏的眼光看待孩子。

若若是我朋友的孩子，她属于那种很平凡不起眼的女孩。用朋友的话说，若若长相普通、学习一般、性格腼腆，是人群中很容易被忽略的人。

但是若若上了初中之后，就变得很不一样了，不仅学习成绩好，人也变得很自信开朗。这些都归功于朋友的欣赏教育。

若若以前的成绩不好，每次回来让妈妈在试卷上签名时，都感觉很对不起妈妈。

"若若，没关系，只要尽力就好。你这么努力，妈妈相信你的成绩肯定会越来越好的。"朋友鼓励若若说。

"妈妈，你不觉得我笨吗？很多人都说我的脑子不好使。"若若有些自卑。

"没有，妈妈从没认为你笨，妈妈一直认为你是最努力、最有韧性的孩子。"在朋友眼里，若若一直是努力懂事的孩子。

听了妈妈的话，若若的心里非常感动，她很感激妈妈的欣赏。

后来，若若的成绩果真提高了很多，朋友在给她签字的时候，惊讶极

了，说："这次怎么进步这么大？"

"因为我不想辜负妈妈对我的爱，所以我学习更加努力。遇到难题总会第一时间问老师，还坚持每天预习功课。"若若骄傲地说。

"妈妈真为你高兴！"朋友当时又感动又欣慰。

欣赏教育是爱的教育，父母的欣赏最能让孩子感到温暖，充满力量。所以，父母要懂得欣赏孩子的优点，这是最好的爱。

父母的信任和欣赏是对孩子的尊重和爱的表达，父母需要注意的是，信任和欣赏不等于无条件的溺爱。如果掌握不好分寸，"爱"就变成了"害"。

我去拜访老师的时候，他给我讲了一个案例，说的就是父母对孩子的信任和欣赏没有把握好分寸，最终让孩子走上了歧途。

这个案例中的男孩上初二的时候就进了少管所改造，他一直偷盗，最后被逮捕了。

男孩是家里的独子，父母也是很开明的知识分子，因此对男孩的教育很宽松，总是给予他最大的信任。

刚开始，男孩只是偶尔去网吧，后来变成开始拿家里的钱。父母发现后教育男孩说："儿子，你不能随便拿家里的钱，更不能去网吧上网，很容易学坏的。"

男孩看父母生气了，就保证道："爸爸妈妈，你们相信我，我以后再也不会去了。"

看到儿子保证了，父母轻易就相信了，几乎一点质疑都没有。

从那以后，儿子每天放学回来，都会装模作样地学习，就是为了赢得父母的欣赏，好从父母那里骗取更多的钱。

父母不知道真相，非常信任儿子，还用欣赏的语气夸奖他爱学习，进步多了。

就这样，父母给的钱慢慢满足不了儿子的欲望了，他就开始偷盗。起初，出事的时候，都是父母出面摆平，他们想好好教训儿子，但每次还是轻易地相信儿子的忏悔，不再追究。就这样，父母对儿子的过分溺爱和信任，最终让儿子走进了少管所。

父母能信任和欣赏孩子是好事，但凡事都有度。有时孩子会利用父母的过分信任或赏识而犯错，父母要有分辨是非的能力，不能因过分溺爱孩子，最终造成不好的结果。

父母爱孩子的方式有很多，但信任和赏识是必不可少的，信任是对孩子的肯定和认可；赏识是对孩子的看好和鼓励，它们都是爱的表现。

信任和赏识是对孩子的尊重，是亲子间相处的不可或缺的部分，父母要重视这些，但也不能太过，否则很容易变成没有原则的溺爱，就会成为"害"。

这是为了你好
——没看见孩子多痛苦吗？别再过高期望了

很多父母都有"望子成龙，望女成凤"的心，他们以为这是爱孩子。殊不知，面对父母的过高期望，孩子会感觉压抑、痛苦。长此以往，容易引起孩子的反抗意识和抵触心理。

父母对孩子期望过高，会在无形中加重孩子的心理压力，精神容易变得紧张，这样下去孩子很难找到乐趣，会变得越来越不快乐。

我去亲戚家吃饭的时候，无意中听到他们在说邻居家的事，仔细一问才知道，是邻居家的孩子离家出走了，到现在都还没找到。

亲戚告诉我，那个女孩叫雪娜，是家里的独生女，父母都对她抱有很大的期望。父母经常跟雪娜说，现在对她严格要求，是为了她将来出人头地，有个好未来。

父母要求，雪娜的每科成绩必须在95分以上，否则回来后就要受惩罚。在这么大的压力下，雪娜在学校什么也不敢做，每天除了学习就是学习，生怕因为一时不努力而考不好。

这些年来，雪娜一直按照父母的要求生活，最近因为实在承受不住压力而离家出走了。

后来，雪娜的妈妈来跟我哭诉说："你说雪娜这是为什么啊？听她的同学说，她一直不快乐，每天的精神很紧张，怎么会这样啊？"

显然雪娜的妈妈还不知道是她自己的原因造成的。

"是你们对雪娜的期望太高了，她的心里一直承受着巨大的压力，现在肯定是承受不住了,所以才想着逃离。"

"可我们也是为了她好啊,天下哪有不爱孩子的父母,我们不这么做,她怎么能有好的未来?"

听了雪娜妈妈的话,我当时真的很生气,但还是耐着脾气说:"你这样不是真的爱孩子,她这样是不会快乐成长的。对孩子的要求要客观合理,不能太高了。如果我是雪娜,我想,我也会选择逃离。"

父母对孩子的期望过高,同样是在打着爱孩子的名义来伤害孩子。孩子会一直担心达不到父母的要求而产生心理压力,甚至对父母产生怨恨心理。

父母对孩子的期望过高,如果孩子一直达不到父母的要求,孩子会变得越来越没自信,甚至变得自卑。所以,父母对孩子的期望值要合理一些。

我在教学的时候,亲眼看到过当初很自信开朗的孩子,最后变得越来越消沉,越来越自卑。

我第一次教丁宇他们班的时候,就对他有很深刻的印象,他活泼好动,思维敏捷,我非常喜欢他。

刚开始,他的成绩还不错,几乎每次都是前十名。有次考试后,我跟丁宇聊天说:"你这次考了第七名,你爸妈一定很高兴吧?"

谁知听到这里,丁宇苦笑一下说:"没有,他们对我要求很严格。妈妈说,我考第七名一点也不值得高兴,考第一才好呢。"

丁宇更加努力地学习,虽然他一直在进步,但是他一天比一天不高兴。

"老师,我考了第一名,妈妈居然说'这有什么,你考的又不是满分'。我现在感觉真的好累,永远得不到肯定。"

没过多久,丁宇就像变了个人似的,喜欢一个人待着,性格也越来越怯弱,还容易紧张,学习成绩变得越来越糟糕。

我经常听他说:"老师,我觉得我不行,我肯定做不到。"类似这样的话,都成了他的口头禅。

看到那样的丁宇我真是非常痛心,他再也不是昔日活泼开朗的好孩子了。

父母对孩子的期望高，出发点往往是好的，但要是太不切实际，只会打击孩子的自信心，让孩子没有一点成就感，这样下去，孩子很容易开始怀疑自己，变得自卑。

对孩子的期望过高，一开始就为孩子的叛逆埋下了安全隐患。重压之下，很容易激起孩子的抵触心理，他们会故意跟父母对着干或者变得不求上进。

冯蓝是陶京同事家的女儿，她由一个"乖乖女"，变成了现在的"不良少女"。

冯蓝的妈妈是个舞蹈表演者，因此，冯蓝小的时候妈妈就想把她培养成舞蹈家，平时冯蓝的言谈举止妈妈都会管。

随着冯蓝的不断长大，她有了自己的思想，越来越反感妈妈的专制，说："妈妈，为什么我所有的业余时间都要学舞蹈啊？我也想玩会儿。"

"你说的这是什么话？妈妈这么做是为了让你早点成为舞蹈家，到时候多风光啊！"

无奈，妈妈根本不听冯蓝的话。

后来，冯蓝开始反抗妈妈，起初她是逃课，骗妈妈说去过舞蹈班了。渐渐地，再也骗不下去了，她就开始跟妈妈吵架。现在，她跟妈妈就像仇人似的。妈妈让她做什么，她就偏偏不做；妈妈不让她做什么，她就偏偏自己干。

我去找冯蓝的妈妈，跟她说："孩子都是有叛逆心理的，你对她的期望越大，她越感觉有压力，一旦不想承受了，肯定会反抗，这是孩子的天性。"

"那我现在该怎么办啊？"冯蓝的妈妈看起来很无措。

"你要多给冯蓝点儿自由，降低一些自己的期望，不要太过严格了。"对孩子的期望值一定要适中，一旦太过，就会产生反效果。

在我进行了适当的调节之后，冯蓝跟妈妈达成了协议，以后可以继续练习舞蹈，但妈妈不能一直逼迫冯蓝苦练，要给她自由。

父母都希望孩子尽早成为他们心目中的优秀人才，但凡事欲速则不达，如果父母的期望太高、太迫切，孩子就会想要逃离和反抗。因此，父母一定要注意，不要留下让孩子叛逆的隐患。

现在的孩子本身承受的各种压力就很大，如果父母再给予过高的期望，他们会更加喘不过气来。这样一来，孩子很容易出现心理问题。

父母对孩子有期望是无可厚非的，但一定要合理适中，不能认为期望越高越好。如果孩子一直达不到父母的期望就容易自暴自弃，变得自卑，甚至开始有叛逆行为。

重新开始做
——爱要无条件，但要有限度

父母对孩子的爱要有限度，过分溺爱对孩子也是一种伤害。父母要坚持原则，用理智、有限度的方式爱孩子，不能不懂节制，让孩子予取予求。

孩子都是父母的心头宝，父母认为给孩子再多的爱也不过分，所以有时难免会过度。父母对孩子的爱没有限度，孩子就容易变成自私的"寄生虫"。

有一次，小语跟奶奶去亲戚家串门，回来后，跟我说了件她看到的事。

亲戚家有个女孩叫江华，家里就她一个女儿，父母又是老来得女，所以溺爱得不得了。江华在家，俨然就是一副"小公主"的派头。

小语说，他们在吃饭的时候，江华妈妈有一道菜做咸了，江华就大发脾气说："这菜怎么这么咸，这怎么吃啊？"

"这道菜是有点咸，你先吃别的菜好不好？"江华妈妈讨好地说。

"不行，我就要吃这道菜。"江华理直气壮地说，没有那道菜就不吃饭。

没办法，江华妈妈为了不让女儿伤心，赶紧去厨房重做了。

为了让江华好好学习，江华妈妈辞了工作，专门在家照顾她。平时什么家务都不让江华做，江华的内衣、袜子都是江华妈妈洗；江华不想写作业，江华妈妈为了不让江华挨训就替她完成作业。

"妈妈，你说江华怎么会这个样子啊？在学校里就没人喜欢她，大家都说她是'寄生虫'，离开了妈妈什么也不会做，而且她还很霸道自私。"小语跟江华是校友。

"江华父母对她的爱太过了，什么都替她做，这样下去只怕她会越来越糟糕。"

长此以往，江华的成长是很令人担忧的。

父母无条件的爱如果没有限制，就会变成吞噬孩子的大火，烧掉了属于孩子自己的生命力。长此以往，孩子会变得怯懦或自私，成为离开父母就无法生存的"寄生虫"。

任何事情都是有限度的，父母对孩子的爱更是如此。适度的、无条件的爱可以促进孩子积极健康成长，避免孩子成为"病态"的人。

小语是个很独立的女孩，做事有条理，遇事有主见，平时很多事她都可以自己做主，并且处理得很好。

有次我跟小语聊天，提到了她小时候的事。

"妈妈，小时候我也是很独立的孩子吗？"

"当然不是，小时候的你很娇弱，什么事都喜欢依赖我和爸爸，有时我们也会很生气。"我如实说道。

"那是不是因为你们不爱我啊？"小语紧张兮兮地问。

"当然不是，正是因为我们爱你，所以才会把握好度，不然就是害了你。"

为了锻炼小语，每次她想要买东西的时候，我都不会代替她去，而是告诉她超市怎么走，让她自己去。起初她还会哭闹，但过了一段时间后，她就完全适应了。她五岁的时候，就可以去小区的超市给我买酱油、醋之类的东西了。

现在小语长大了，思想也成熟了很多。但我们对她的爱还是很客观，凡事都讲道理，从不会溺爱她，也不会满足她无理的要求。

很多人见到小语之后，都会夸她懂事有礼，是个很优秀的女孩子。我心里明白，这些都是适度的爱浇灌出来的。

天下没有不爱孩子的父母，爱是一种给予，但不仅仅是简单的给予，而是要用适当的方式表达出来，这才是真的无条件的爱，也是最好的爱。

父母对孩子无条件的爱一定要有理性、有原则，面对孩子的无理要求，父母要表现出明确的拒绝态度，不能因为心软或不忍心，就对孩子的爱失去了限度。

在开座谈会的时候，我发现来的最多的都是"不忍心"的父母。

面对孩子的要求，他们都恨不得全部答应，都不忍心拒绝孩子，生怕委屈、伤害了孩子。

"我也知道，太溺爱孩子不好，但很多时候都做不到无动于衷，这让我很苦恼。"一位爸爸跟我大吐苦水，他的女儿就是不喜欢上学。

"爱孩子一定要有原则，有理智。如果不会拒绝孩子的无理要求，以后会变得更加没底线。"这是我给他的忠告。

这位爸爸听取了我的意见，开始改变自己的教育方式。

后来再见面的时候，他说自己的女儿比以前懂事多了，也习惯了学校的生活。我问他是怎么做到的，他详细地跟我说了一遍。

女儿是班级里最小的孩子，经常不愿意上课了就跟老师哭闹，然后回家来。每次爸爸都会因为不忍心而原谅女儿的行为。慢慢地，女儿越来越不喜欢学校。

后来，爸爸听了我的建议，女儿再次从学校回来时，他坚持又把女儿送回了学校。女儿一路上大哭不止，哭喊着说："爸爸不爱我了，爸爸不爱我了。"

虽然很心疼，但爸爸还是没有心软。就这样，女儿终于适应了学校的生活，不再随意逃课，成绩也比之前好了很多。

这位爸爸跟我说："现在我跟女儿相处时，总会记得你跟我说的话，理智、有原则地爱孩子，这样才是真的对孩子好。"

"你做得很好，对孩子的爱是无条件的，但不是盲目的，一定要有限度。"我很高兴帮助了他们。

父母不能因为一时的不忍心就过分地爱孩子,要多想想孩子的未来,如果孩子一直太过于依赖父母的爱,必然会影响孩子以后的发展。所以,父母要坚持理智、有原则地爱孩子。

父母教育孩子的主要目的是能让孩子成为可以独立健康成长的人,父母无条件的爱,是浇灌孩子的重要因素。要想达到目的,父母的爱就要适度。

给孩子太多的爱,很容易让孩子产生依赖心理,成为长不大的"小孩子"。总之,没有原则、缺乏理性的爱是教育孩子的忌讳,父母要尽力避免。

没有一个优点
——你都不完美，就不要苛求孩子完美

生活中没有完美的人，孩子当然也不例外，成长是一个逐渐完善的过程。如果父母不能接受孩子的不完美，就等于不能接受孩子的正常成长。

一些父母总是习惯性地忽略孩子的优点，一直盯着孩子不完美的地方。这样一来，孩子的缺点被放大，孩子会感觉很受伤，甚至开始质疑父母的爱。

在教育孩子成长的过程中，很多父母都会发现各种各样的问题。有一位妈妈曾经跟我哭诉过，她的儿子全身都是缺点，她在儿子身上看不见一点希望。

"你知道吗，我儿子简直一无是处，学习成绩不好，在学校还喜欢惹是生非，一点也不知道努力上进，每次我教育他，他还非常不耐烦。我打也打过，骂也骂了，但还是一点作用也没有。他现在对我也十分反感，还说讨厌我。"这位妈妈说到这些的时候，语气里带着难以掩饰的失望。

"除了这些，你难道一点都没有发现孩子的优点吗？"她在不断放大儿子的缺点，以至于她连孩子的优点也看不到了。

"我儿子没有优点，一点优点我也没发现。"

"你现在冷静下来想想，你这样的想法对吗？一个人难道连一点优点都没有吗？"

"可是我真没发现啊。每次想到儿子的缺点我都头疼无比，我该怎么办啊？"

"你的眼光太局限，对孩子太苛责了。用正确的眼光看待孩子的优、缺点时，才能真正从心理上接受孩子的不完美。你眼里只有孩子的缺点，慢慢地，孩子就会很伤心，你要学会接受孩子的不完美。"父母的一味苛责，不仅会让自己感觉痛苦，孩子也会很受伤。

父母不能接受孩子的不完美，就无法从心里接受孩子，这样下去必然会影响亲子关系的正常发展，还会让孩子受到伤害。

接纳孩子的不完美，才能更客观地教育孩子，才是真正爱孩子的表现。父母的接纳是孩子变完美的动力；父母的认可，是给孩子最好的礼物。

有一次，我去朋友家做客，朋友跟我说起了他的女儿赵多多。

"随着多多不断长大，我一直在调整自己的教育方式，现在我觉得我的想法和教育理念都成熟了很多。比如，我现在已经可以平和地接受孩子的不完美了。"

多多是个很有正义感的孩子，在班里，看到有的同学被欺负，她总会仗义出手。所以有时难免会违反纪律，经常被老师批评。

每次老师还给朋友打电话，希望他能说说多多。

"刚开始我真的很生气，多多的脾气太不好了，以后跟别人相处时多吃亏啊。有一次，我狠狠批评了她，话说得也难听，多多都哭了，看起来非常难过。"朋友回忆说。

"那后来你又是怎么处理的呢？"我追问道。

"后来我冷静想了想，觉得是自己太苛刻了。多多敢仗义执言是好事，只是方法不对而已。我就告诉多多，她的初衷是对的，但方法不对，以后不能冲动地跟别人打架，多多高兴地接受了我的建议。"朋友说话时带着安定从容，他是真的可以接受孩子的不完美了。

"是啊，孩子总有不完美的地方，只有接受，孩子才能更好地成长，才能感受到父母的爱。"这也是我的真实想法。

"嗯，只有接受孩子的不完美，才能避免伤害孩子，才是真的爱孩子。"

父母接受孩子的不完美，孩子会对父母心怀感激，从而客观地认识自己、提高自己。父母爱孩子，就要包容孩子的不完美。

父母要想学会接纳孩子的不完美，就必须放下挑剔的眼光，用平和的态度去发现孩子的优点，不能刻意放大孩子的缺点。

小松在上小学的时候非常淘气，有时我也很生气，恨不得揍他一顿。那段时间我真是操碎了心，但还是不知道该怎么教育小松，真是感觉头疼。

有一次小松又闯祸了，我对他感到非常失望，但我还是尽快平复情绪，放下了挑剔的目光，决定用全新的眼光去看待他。

那天，我拿出一张纸贴在墙上，在纸张的左侧写小松的缺点，右侧写小松的优点，我的心情慢慢冷静了下来。

我还记得，我带小松出去玩的时候，一个打扫的阿姨刚把马路扫干净，就有小朋友往地上扔纸。小松很生气，他走过去冲着那群小朋友说："你们怎么能这样不尊重阿姨的劳动成果呢？赶紧把垃圾捡起来。"

想到这里，我的心豁然开朗了，每个孩子都有不完美的地方，但也总有他的优点，父母为什么要这么挑剔苛责呢？

我逐条把小松的优缺点写了出来，最后发现，小松的优点也很多，他不像我之前想得那么糟糕。

通过这件事我明白了一个道理，很多父母因为爱子心切，就习惯用挑剔的眼光去看待孩子，这样往往忽略了孩子的优点，满眼都是孩子的不完美。

之后，我学会了接受小松的缺点，在教育他的时候，更有耐心和爱心，现在小松变得比之前听话多了。

父母不能滔滔不绝地说孩子的缺点，要多观察孩子，学会多发现孩子的优点，这样才能更好地接纳孩子的不完美，用正确的方式教育孩子。

因为爱子心切，很多父母都习惯对孩子过分挑剔，尤其习惯放大孩子的缺点，忽略孩子的优点。这样一来，父母就更加难以接纳孩子的不完美。

父母要学会一分为二地看问题,放下偏见,用平和的态度去看待孩子的缺点,引导孩子改正。通常父母越苛求,孩子越糟糕;父母越包容,孩子就越优秀。所以,父母爱孩子,就要学会接纳孩子的不完美。

这是最好的玩具
——物质补偿，永远代替不了爱

现在越来越多的父母忙着看顾事业，难免会忽略孩子。为了弥补愧疚心理，会给孩子提供最好的物质条件，但是，物质补偿是永远满足不了孩子的情感需求的。

父母不能用物质补偿来代替对孩子的爱，这是一种很不负责任的做法，过分的物质补偿对孩子来说也是一种伤害。

前不久我的一个朋友跟妻子离婚了，儿子由他抚养。之后，因为工作忙，无法很好地照顾儿子，儿子就住校了。

为了赚钱养家，他每天都工作到很晚，他也知道自己陪儿子的时间少，所以每个周末儿子回家的时候，会给儿子买很多礼物，或者给儿子一些钱。

儿子生日的时候，他还给儿子买了当时最好的手机。纵然这样，儿子跟他的关系还是一天比一天冷淡。

一个周末，他忙到很晚才回家，儿子看到他连声招呼都没打。因为很累，他当时的心情很不好，于是冲着儿子喊："我是欠你的还是怎么了？我每天出去赚钱还不是为了你？我给你提供最好的物质条件，你还有什么不满足的？"

"你最在意的永远都是钱，你什么时候关心过我，怪不得我妈要和你离婚。"儿子很生气地顶撞爸爸说。

"我赚钱还不是为了你？"

"我才不稀罕你的钱呢。"说完，儿子就赌气似的回房了。朋友一个人在客厅站了很久。

父母的物质补偿,往往不能让孩子感到满足,只会让孩子的内心更空虚、更不安。这样一来肯定会伤害到孩子脆弱的感情,让亲情变得淡漠、充满隔阂。

父母要避免对孩子进行物质补偿,孩子需要的是情感上的关心和慰藉,需要的是父母的爱,这是再多物质都无法弥补的。

我曾经在网络上看过一篇报道,心里很有感触。

文中的男孩是个很孤独的孩子,爸妈因为工作忙经常不在孩子的身边。几乎每天都是保姆在照顾他,他的吃穿用度全是最好的,连平时玩的玩具也大多是爸妈从国外带回来的。

虽然有很多同学很羡慕他,但他一点也不快乐。

于是他给妈妈写了封信:

妈妈,你什么时候才肯回来陪我?你总是给我最好的玩具,但我不快乐。妈妈,只要你愿意回来陪我,我可以什么都不要。

妈妈看到儿子的信之后才知道自己做错了,顿时非常后悔自责。她连夜坐飞机回到了家里。

妈妈回到家时,儿子生病了,一晚上都在发烧,迷迷糊糊的。妈妈给儿子吃了药,陪着儿子一起休息。

第二天儿子起床后,看到妈妈在厨房做早餐,还关心他的病情,他觉得非常幸福。他在得到最好的玩具时也没这么开心满足过。

"对不起,以前是妈妈忽略你了,以后再也不会了。"妈妈抱歉地说。

"我最喜欢跟你和爸爸在一起了,那样才最幸福。"儿子都快哭出来了。

只有父母的爱能填补孩子的情感需求,父母的爱像阳光一样温暖,缺少爱,孩子就无法茁壮地成长。父母不要用物质补偿来代替爱,它们是无法代替的。

平时父母要经常反思，检查自己有没有通过物质补偿孩子的行为，这样才能避免犯错，及时给孩子情感上的慰藉。

有段时间我发现，小松常常用委屈的眼神看我，我觉得很奇怪。我开始反思自己，是不是哪里做得不好，让孩子伤心了。

那段时间我很忙，没时间陪他，就经常带他去肯德基吃他最喜欢的牛肉双层堡。

每次小松都点很多东西，而且吃得非常慢。

"儿子，你点这么多东西能吃完吗？"我小声问他。

"呵呵，没事，吃不完我就慢慢吃，反正不着急。"小松慢条斯理地吃东西，我忽然感觉他怪怪的。

好几次他都点很多东西，当时我怀疑小松吃这么多会不会是有问题。

"儿子，你是不是哪里不舒服啊？吃这么多不难受吗？"

小松摇摇头，说自己没事。

说到这里，我忽然明白了，最近自己因为忙而忽略了他，总是通过带他吃喜欢的东西来弥补我的愧疚心理。所以他才吃得那么多、那么慢，肯定是想让我跟他多交流一会儿。

后来，我跟小松道了歉，说："儿子，妈妈错了，最近不应该通过这种物质补偿的方式来对待你，以后再也不会了。"

"妈妈，你终于意识到了。我想要的是妈妈的关心，不是好吃的。"听了我的话，小松很高兴。

"嗯，妈妈肯定还像之前那样关心你，陪伴你，工作再忙也不会忽略你的感受了。"很多时候，父母对孩子进行物质补偿是一种惯性行为，所以一定要及时反省纠正。

通过物质补偿孩子的行为很普遍，很多时候父母在不知不觉中就这么做了。所以，父母要经常自我反思，及时纠正自己的物质补偿行为，多给孩子爱和关心。

生活中有很多父母舍得为孩子花钱，却很少满足孩子的精神需求，这就是典型的物质补偿心理。但是对孩子来说，父母给再多的物质，也比不上父母的关爱来得重要。

金钱不是万能的，玩具和礼物也不是万能的，父母要有向孩子表达真心关爱的意识，然后付出行动爱孩子。孩子缺少的爱，是任何东西都不能弥补回来的。

给您沏杯茶吧
——接受孩子的关怀和爱意，也是爱孩子的表现

父母与孩子之间的爱是双向的，接受孩子的爱才能让孩子学会爱人的能力，否则孩子的性格就不完整。爱不仅仅意味着给予，也需要接受。

有些父母一直在抱怨现在的孩子自私、冷漠，这样的父母不妨扪心自问一下，自己是否接受过孩子的爱。父母拒绝孩子的爱，不仅会让孩子失落受伤，也容易让他们变得冷漠，这不是真的爱孩子的表现。

有一次，我去市场买菜认识了一位妈妈，她知道我是教育工作者之后，很热情地跟我攀谈起来。渐渐地，这位妈妈开始吐苦水。

"我儿子小孟现在跟我和他爸的关系非常冷淡，对我们的关心示好也无动于衷，孩子大了真是难以理解。"这位妈妈开口说。

"怎么会这样呢？你们之间闹矛盾了？"我询问道。

"没有，怎么会闹矛盾呢。每天我们什么事都不需要他做，只要他好好学习就好，在家里他什么都不需要做。"这位妈妈如实说道。

听到这里，我似乎明白了什么，于是问道："孩子是不是也从不会主动跟你们示好？"

"也不是，他以前很乖，但现在冷淡得不行。"

这位妈妈回想起来，之前好几次，儿子来厨房帮她洗碗，说她辛苦了。但是每次她都不留余地地拒绝，让孩子学习去，厨房的事不用他管。有时还会因为这个责怪孩子。

还有一次，儿子得到了新茶叶，想泡茶给爸爸喝，结果爸爸很生气地

说:"我不需要你沏茶,你只要好好学习就好。你出来做这些,是不是想偷懒不学习?"

面对爸爸的指责,儿子生气地回房了,以后再也不跟父母表达爱了。

"孩子的冷漠是有原因的,你们一直在拒绝接受他的爱,这让他很沮丧。慢慢地,就等于剥夺了他爱的权利,这对孩子的成长必然会很不利。"

听了我的分析,这位妈妈恍然大悟,连连点头称是。

父母在感叹孩子冷漠时,要先反省自己的行为。拒绝接受孩子的爱会让孩子的心里变得荒芜,让孩子失去爱人的能力。

接受孩子的爱会让孩子的内心变得温暖、学会奉献,让亲子关系以和谐的状态良性发展。所以当孩子给予爱的时候,父母不要视而不见。

有一次,奶奶给了小语一小块银子,让她收好。晚上的时候,小语悄悄把我拉到一边,跟我说:"妈妈,我现在有一块银子,把它送给你好不好?"

"银子是奶奶给你的,妈妈怎么能要?"听了小语的话,我很感动。

"没有啊,我看别的阿姨手上都戴着好多漂亮的戒指,而妈妈你只有一个。我把这块银子给你做戒指好不好?"原来小语想到了这么多。

"可是这个挺麻烦的,再说妈妈也有戒指,不需要其他的了。"

听了我的话,小语立刻就不高兴了,她说:"妈妈,你是不是觉得银子做的戒指不好,你看不上?"

"当然不是,你怎么会这么想呢?既然你真的想给妈妈,我们周末就去订做戒指好不好?"父母一定要学会接受孩子的爱,并保护它。

"真的?太好了,妈妈戴银子做的戒指一定很好看。"小语为自己的行为高兴不已。

之后,小语向我表达爱意的时候越来越多,我们之间也变得更亲密。

给予孩子爱,他们会快乐,接受孩子的爱,同样如此。懂得付出爱的孩子,才能成为温暖有爱的人,才会养成爱人的习惯。

父母在接受孩子的关怀和爱意的时候，要及时跟孩子互动，向孩子表达谢意和感动，如此孩子才能真正明白爱的价值，同时更愿意表达爱。

　　每次吃饭的时候，小松都习惯性地给我夹菜，这也是爱的表达方式，每次我都会真心谢谢他。

　　记得有一次我生病了，一直在发高烧，家里只有我跟小松两个人。我告诉小松，他不用管我，我自己吃点药就好了。但小松不放心，跟老师请了假要在家好好照顾我。

　　那时，他就像个小大人一样，给我的额上敷了冷毛巾，又给我量体温，之后还倒水拿药。等我睡下后，给我盖好被子，他就坐在一旁学习。

　　每隔一会儿，他就走过来摸摸我的额头，看看病情有没有好转。中午时，小松在厨房熬了粥给我吃，当时我真的很感动。

　　"小松，照顾妈妈辛苦了，谢谢你。"我看着小松感觉很欣慰。

　　"呵呵，没有啦，你是妈妈，这些都是我应该做的，"小松不好意思地挠了挠头，"妈妈你好好休息，什么也别想了，我会好好照顾你的。"

　　"有个这么爱妈妈的儿子，我真高兴！"

　　晚上家里人都回来时，我的高烧也退了。我在大家的面前表扬小松说："咱们家的男孩终于长大了，今天就跟小大人似的。多亏了小松，我现在感觉好多了。"

　　"妈妈，我现在明白了，给予别人爱和接受别人的爱一样幸福，以后我会做得更好，更爱大家。"父母及时的接受和肯定，是孩子表达爱意、学会爱人的最大动力。

　　平时父母不仅要接受孩子的爱，还要及时肯定，必要的时候也可以给孩子表达爱的机会。父母体会到孩子爱的时候，也是孩子最幸福、最有价值感的时候。爱孩子就要接受孩子的爱，肯定孩子的爱。

　　爱是一种双向的情感交流，如果只是单一的就不能称之为爱。孩子在接受父母爱的同时，也渴望付出爱，在这个过程中孩子才能体会到爱的价值，学会爱人的能力。如果孩子不具备这种能力，很容易成为冷漠自私的人，这往往是父母教育不善的原因。

所以，父母不要轻易剥夺孩子付出爱的机会，要接受和肯定孩子的爱，这样孩子才能成为内心温暖的人，才能体会到成长的快乐，懂得爱人和付出。

什么时候回来

——给孩子无条件的爱，给孩子一生的安全感

安全感是孩子心理健康发展的基础，是人格完善的基础。父母要通过给孩子无条件的爱来打造让孩子受益一生的安全感。

有些父母对安全感的了解很少，孩子缺乏安全感的表现有很多，父母对这些要适度了解，如此才能针对孩子的行为来培养孩子的安全感。

之前，有一对父母带着他们的儿子来找我做咨询。

"我们的儿子是不是心理有问题啊，老感觉他跟其他孩子不一样？"一看见我，男孩的妈妈就忍不住问道。

"孩子有什么特殊举动，你仔细说一下。"我安慰了一下孩子的父母，让他们慢慢说。

男孩的妈妈告诉我，男孩的性格非常敏感害羞，在学校只要跟老师说话就会脸红，有时结巴得都不能说出完整的句子；还非常依赖妈妈，只要跟妈妈在一起就一刻也不愿意分离，要是非要让他走开，他就很伤心；还有，他的性格比较偏激，很容易发怒，但内心又非常脆弱。

"你说孩子为什么会这样啊？他的性格太极端了。"爸爸也忍不住感叹道。

"通过你们的描述，我断定孩子非常缺乏安全感。"这样的案例我见过很多了，缺乏安全感的孩子内心容易焦虑不安，性格偏激。

"缺乏安全感？这是怎么回事，我们都没什么文化，孩子怎么会这

样啊？"

"孩子缺乏安全感是件常见的事，原因也有很多，要想改变孩子的状态，就必须用爱给他打造安全感。"

当孩子出现一些反常的行为时，父母要懂得判断孩子是不是缺乏安全感，对缺乏安全感的常见表现要有一定的了解。

父母用无条件的爱给孩子安全感，对孩子的一生都有重要影响，安全感可以让孩子一生都内心平静安定，不会常常惴惴不安。

我跟一个老朋友在一起讨论用爱给孩子打造安全感的问题，他一直在质疑安全感对孩子的重要性。

"安全感对人的一生都有重要影响，如果孩子严重缺乏安全感，他可能一生都不会获得心灵的安定幸福。"

说完，我就给他讲述了一个真实案例。

有位单亲妈妈自己带儿子，她常常很忙，能陪儿子的时间很少。儿子经常跟着其他亲戚生活，每次见到妈妈他都会忍不住哭泣，不想再离开妈妈。

后来，妈妈事业有成，照顾孩子的时间多了，但孩子还是十分缺乏安全感。妈妈一般都是在晚上八点回家，但有时也会晚一些。只要妈妈没准时回来，儿子就会开始紧张不安，不停地在窗户旁边张望。

他常常猜想，妈妈这么晚不回来，是不是不要自己了，几乎每晚他都在焦虑不安中度过。

再后来，他变得有些神经质，他想见妈妈的时候，只要妈妈不准时出现，他就会不停地打电话给妈妈。他开始患得患失，焦躁不安，最后患上了严重的精神疾病。

其实妈妈是不会离开他的，是他自己没有安全感，一直觉得自己不安全。

听我讲完这个故事，老朋友若有所思地说："我现在承认你说的是对的，安全感对人的一生都至关重要。"

"没有安全感就无法获得内心的平静，总是活在紧张焦虑中。所以，用爱打造孩子的安全感是非常重要的事。"

孩子是否有安全感直接决定了他的生活态度和生活状态，父母要意识到安全感对孩子成长的重要性，从而积极为孩子打造安全感，成就孩子一生的幸福和快乐。

用爱给孩子安全感是一门需要父母学习的课程，只有掌握正确的方法，才能让孩子成为有安全感的人。在平时生活中，父母一定要有意识地打造。

给孩子打造安全感不是一朝一夕的事，需要父母长期地用心去做。我自己就特别重视这方面。

为了让家里的孩子有安全感，首先要确保和谐温馨的家庭氛围。家是孩子成长的港湾，家里的气氛直接影响了孩子的心理发展。我们家人之间的关系都非常好，关系和睦，做法民主，很少会出现吵架的情况。大家相互关心、相互爱护，小语和小松也是如此。

除此之外，我还全身心地投入关心着小语和小松，经常抽时间跟他们相处、聊天、说心事。这样的关爱让孩子的心里很温暖、很安心。

平时在跟孩子相处时，父母从来不要通过感情威胁让他们变得优秀，孩子犯错了，不仅要懂得包容和原谅，很多时候父母还要及时安慰他们脆弱的心灵。

不一定要求孩子多优秀，只要孩子尽力就好，过度地期望和拔高，同样会让孩子的心理因为承受压力大而变得脆弱，缺乏安全感。

当然，父母也有心情不好的时候，这时候需要特别注意，不能把自己的负面情绪带给孩子，让他们平白承受埋怨、责骂，这很容易让孩子茫然和不安。

很多父母前来咨询如何打造孩子的安全感时，我都跟他们说过这些。只有我们在生活点滴中爱孩子，做好细节，才能让孩子一生都有安全感。

安全感对孩子的成长至关重要，因此父母要懂得用好自己的爱，从生活中的小事做起，着手打造孩子的安全感，如此，孩子必将受益一生。

孩子缺乏安全感是一件严重的事，父母要清楚其表现和重要性，然后通过给孩子无条件的爱，从生活中的点滴小事开始，为孩子打造安全感。

给孩子提供有安全感的生活环境、全心关注孩子的身心健康、培养亲子之间的信任感、不通过感情威胁来逼迫孩子等，都是父母需要学习和注意的。总之，通过爱为孩子打造一生的安全感，是父母义不容辞的事，是真爱孩子的表现。

第四章 亲子沟通是个双向的过程

为什么吵架
——重视亲子之间的沟通

亲子沟通是建立良好的亲子关系的基础，好关系胜过一切教育。所以，父母要意识到亲子沟通的重要性，建立好沟通平台，促进亲子关系的和谐发展。

在家庭教育中，亲子之间没有沟通，就无法建立良好的亲子关系。久而久之，父母就难以了解孩子，无法走进孩子的内心。

在跟朋友聊天的时候，她跟我诉说了自己的苦恼，简而言之，就是无法跟孩子好好沟通。

她说，有一次女儿放学回来后，脸上有抓痕，她立刻就生气了，她认为一个女孩子家，怎么能跟人打架呢。于是她不问缘由地就把女儿训斥了一顿，还不许女儿吃饭。

过了许久，她才想起来跟女儿沟通，问问她到底是怎么回事。无奈，女儿早就生气了，任凭她怎么问也不说话，本来可以通过沟通解决的问题就这样僵持了。

第二天，女儿放学回来后，她跟女儿说话，女儿却不理她，还说以后的事都不需要她管。她们的关系变得非常紧张，就像有一道无法迈过去的坎儿一样。

我问她："你平时就是这样教育女儿的吗？"

她给予了肯定回答。

"你们的问题就出现在沟通上，你不跟孩子沟通，就按自己的想法教育她,甚至惩罚她,她怎么会服气?长期下去,必然会影响你们的母女关系,一旦亲子关系变得紧张,孩子就容易出现各种问题。"我非常担忧这种状况的出现。

"那我以后多跟女儿沟通试试,不知道她会不会原谅我。"朋友很担心地说。

"你放心吧,只要好好沟通,什么矛盾都能解开。"我安慰她说,希望她放心。

沟通是家庭教育的重要基础,要想关系好,交流顺畅,就必须做好这个前提。缺乏沟通,是亲子之间产生问题的主要原因。

孩子的内心有很多想法和秘密,只有及时沟通才能了解孩子的真实想法,发现孩子的问题,帮助孩子积极乐观地健康成长。

有段时间,我发现小松开始出现厌学情绪了,我想我一定要好好跟他沟通才行。

晚上,小松也不写作业,只是呆呆地坐在书桌旁。

陶京不以为意地说:"孩子大了,难免有心事,这没什么大不了的,由他去吧。"

"正是因为孩子大了,才会出现很多问题跟困惑,如果不及时进行沟通,怎么能知道孩子的心里在想什么?"

我走到小松身边,安静地坐下来,跟他聊天,说:"儿子,最近是不是发生什么事了?感觉你的心情不好,跟妈妈说说,妈妈帮你想办法。"

小松看我的眼睛亮了一下,然后又低下头说:"我也不知道该怎么说。"

在我的再三要求下,小松告诉我,他跟数学老师吵架了,老师都不怎么管他,所以他现在一点也不喜欢学习了。

"为什么跟老师吵架啊?"

"有一次我把作业本丢在家里了,没交作业,老师就说了我。我觉得委屈，就跟他顶嘴了。"

"其实这也没什么，老师不会介意的，你明天好好跟老师道个歉就行了。"

"真的这么容易吗？"小松有些不可置信地说，"老师会轻易原谅我吗？"

"当然会，你别忘了，妈妈曾经也是老师啊。"我肯定地说，"以后不要随意顶撞老师了，有话好好说。还有，不能再厌学，知道吗？"

小松高兴地答应了。

孩子在成长中，会遇到很多难以解决的问题，也许在大人的眼里很简单，但他们难免疑惑。父母要及时跟孩子沟通，才能发现问题，解决问题，成为孩子成长的守护者。

做到重视亲子之间的沟通需要父母有这方面的意识，要经常反省自己的行为和思想，从而保证自己可以做到。

有一次，一对争吵的父子前来找我咨询，两个人进来之后还一直吵。

"我跟你简直无法沟通，以后我的事你少管。"儿子很不客气地顶撞爸爸说。

"你这个小没良心的，居然这样跟我说话，真想揍你。"爸爸也暴跳如雷地说。

我赶紧走过去，把他们父子拉开了。

我让爸爸先出去，然后跟儿子进行了沟通。

"为什么会觉得无法跟爸爸沟通啊？"

"他不知道什么是沟通，每次跟我说话都是命令我、使唤我，从来不知道什么是沟通。"儿子气愤地说。

"你的意思是爸爸不重视跟你的沟通吗？"

"他就没有这方面的意识，不知道什么是沟通。"

之后我又跟儿子的爸爸沟通，在交谈的过程中，我发现这位爸爸确实没有重视沟通的意识。

"你缺乏跟孩子沟通的意识，以后要想减少跟孩子的矛盾，就必须树立沟通意识，然后才能付诸到具体的行动上。"这是我给这位爸爸的建议。

"可是，我从没想过这些啊，难道还要刻意重视跟孩子的沟通？"

"对，你要经常反省自己的行为，强化自己的沟通意识，这样才能慢慢跟孩子做好沟通工作。"

听了我的话这位爸爸的火气终于消了，意识到了自己的不对之处。

"我以后一定会注意的。"他笃定地保证。

很多时候，父母无法重视跟孩子的沟通，是由于缺乏这方面的意识造成的。因此，父母要有针对性地强化、重视跟孩子沟通的意识，从而慢慢体现在行动上。

很多父母都感到困惑，他们为了孩子操碎了心，却得不到孩子的理解。事实上，这通常都是双方沟通不畅造成的。因为缺乏沟通，父母难以了解孩子的真实想法，只会按照自己的想法教育孩子，这样矛盾就产生了。

父母不仅要培养自己重视跟孩子沟通的意识，还要保证跟孩子的正常交流，这样才有可能建立良好的亲子关系。

你太专制了
——为什么你说得津津有味，孩子却当耳边风

亲子之间的沟通问题一直是家庭教育的话题，很多父母都感觉与孩子无法沟通。其实，造成沟通障碍是有原因的，父母要及时了解，积极解决。

在很多父母看来，孩子听话最重要，他们没有要和孩子沟通交流的意识，这是造成沟通障碍的重要原因。父母要有意识地跟孩子进行沟通。

一位爸爸曾给我发过咨询邮件，咨询的内容是比较普遍的亲子之间的沟通问题。在邮件中他提到，不知道从什么时候开始，儿子就开始对他冷淡了。他感觉自己说什么话，孩子都有不听的借口，这让他非常苦恼。

很多次他都主动跟儿子说话，但通常没说几句，儿子就烦了，要不离开爸爸的视线，要不就让爸爸出去。

最让爸爸伤心的一次是，他想跟儿子聊会儿天，儿子一直在用手机玩游戏，就是不理他。

后来，我给这位爸爸打了电话，问他："之前跟儿子沟通过吗？"

他说："没有专门沟通过，就是有什么事告诉儿子就好了。"

"从来没有坐下来好好沟通过吗？"我有些不可置信。

"嗯，我工作比较忙。现在想跟儿子说话，是因为他变得越来越不听话了，想问问他是怎么了。"

"你们的矛盾是长时间形成的，你缺乏跟儿子沟通的意识，如果连这种意识都没有，孩子怎么可能想跟你谈话呢？而且出现了矛盾也只能不断累积，最后越来越严重。"

最后，我建议这位爸爸，一定要有跟孩子沟通的意识，多跟孩子沟通，如此才能减少矛盾，建立正常的沟通基础。

父母的沟通意识对亲子关系是非常重要的，如果缺乏这种意识，就等于放弃了正常的沟通机会，与孩子的距离也越来越远，最终形成沟通障碍。

造成沟通障碍的另一个原因是父母的态度不正确，在跟孩子沟通时，一切都是自己说了算，如此必然会引起孩子的极度反感，甚至不愿意跟父母说话。

我看过一个这样的案例，同样是因为沟通不畅造成的。

案例中的女儿正在上初三，她不是不跟父母沟通，而是每次父母跟她说话的时候她都不发一言，父母说半天她也不开口。

"我们现在跟你说话呢，你什么态度啊？"妈妈看着一言不发的女儿来气了。

"我们在跟你沟通，你不说话怎么进行啊？"爸爸也开口了。

"哼，"女儿冷哼一声道，"每次你们都说跟我沟通，但每次你们都不听我说的话，只顾自己发言。我偶尔说说自己的想法，还会被你们斥责，这算什么沟通啊？"

女儿不服气地站起来回房了，留下夫妻俩面面相觑。

"妈妈，我有很多同学的父母也是这样的，他们都跟我说过，"小语听我讲了这个案例后跟我说，"他们说父母的沟通只是单方面的专制行为，甚至是批评指责大会。"

"嗯，以后你可以跟同学们说，跟父母提提意见，让沟通变成双向的，而不是'独行政策'，否则只会引起孩子的抵触。"我希望可以让更多的父母意识到沟通问题绝不是单向的。

在与孩子沟通时，若父母的态度过于专制，就失去了沟通的意义，父母要留给孩子诉说的机会，不能一味地交代或要求，甚至拿父母的身份压制孩子，要尊重孩子的想法或意见。

缺乏沟通技巧是亲子间出现沟通障碍的最大问题，父母想跟孩子搞好关系，却没用正确的方式，同样会引起孩子的拒绝和排斥。

陶京一直跟我说："孩子没什么记性，所以在教育他们的时候，一定多反复说，这样孩子才能听。"

"你这么说孩子只会让孩子厌烦，谁会喜欢唠叨的沟通方式？"我非常不赞同他的做法。

有一次我下班回来，就看见陶京和小松吵起来了，陶京还想动手，我赶紧拦了下来。

"你们父子俩这是怎么了？有什么话不能好好说？"陶京和小松平常很容易吵架。

"他犯错了，我跟他沟通，希望他能改正，但是这小子还不服气，还说我太唠叨了。"陶京气得直翻白眼儿。

"妈妈，爸爸就是太唠叨了，我是做错事了，但我已经认识到错误了，也决定改了。但是爸爸还是一直说，不厌其烦地反复强调，这是什么意思啊？"小松想到这些就很生气。

"我还不是怕你不长记性，不然我会这样跟你沟通？"

"你这是跟我沟通吗？我真的是接受不了这种沟通方式。"说完，小松摔门而去。

"跟孩子沟通要讲究正确的方法，我不是跟你说过了吗？为什么还用这种费力不讨好的沟通方法啊？"我开始责备陶京。

"那你说要怎么沟通？"

"委婉地点明孩子的错误，让孩子改正就好了，为什么非要得理不饶人啊？在沟通的时候，说得越多，效果越不好，你还是学学沟通技巧吧。"

跟孩子沟通有很多技巧，父母一定要根据孩子的性格选择合适的沟通方式，否则沟通将难以成功。

亲子沟通不畅不只是孩子的问题，更大程度上是因为父母不擅长沟通，才让孩子选择拒绝沟通。为了培养亲子关系，和谐交流相处，父母必须学习有关沟通方面的知识。

亲子沟通是个双方互动的过程，需要有正确的意识和各种沟通技巧，同时父母还要从心理上端正自己的态度，选择用最合适的方式跟孩子进行沟通。

我们谈谈吧
——面对面沟通，别让孩子无视你的想法

在沟通过程中，父母能贴近孩子，近距离交流，会让孩子的性格变得更加柔和，更愿意听取父母的意见。

虽然亲子沟通的方式有很多，但面对面的沟通是非常重要的。亲子之间有天生的亲近感，如果不能当面沟通，这种融洽的氛围是难以呈现的。

据我观察，生活中有很多父母都没有意识到跟孩子面对面沟通的重要性。

朋友家的女儿萧然，在同龄人当中看起来比较平庸，性格也不是很好。这些跟她父母的教育有很大的影响。

萧然的父母工作忙，经常全国各地跑，所以通常只能通过电话或视频跟萧然沟通，当面聊天的机会很少。但其实这些是远远不够的，也可以说，这是不健全的沟通方式。

近距离地跟孩子沟通交流，对孩子的身心健康非常重要，对亲子关系的和谐也有很大的好处。

后来，我曾跟萧然妈妈说过，要多跟孩子面对面交流，在交流的过程中，孩子会更有安全感，更乐意亲近父母。他们不仅会积极倾诉，同时对父母提出的意见也愿意倾听。在这个过程中，孩子也可以通过父母的言行举止，了解父母的真实想法，从而更好地沟通。

面对面的亲子交流，会对孩子产生某种刺激，孩子的思维能更活跃、更冷静，语言表达能力也能得到锻炼。面对面的交流对亲子之间的沟通有直接

或间接的影响，而且都是比较积极的。

所以，父母要意识到跟孩子当面沟通的重要性，不见面的沟通，会大大降低沟通的效率，孩子甚至无法理解父母的真正意图，从而出现各种问题。

父母面对面跟孩子沟通的好处非常多，这个过程是真实又丰富的，父母的一举一动都能对孩子产生影响，沟通效果当然也会比较好。

在进行教育调查的时候，我在某个小区里遇到过一个这样的男孩，年纪不小了，性格却比较胆怯，缺乏信心。

当时，我问了很多孩子同一个问题："你们的父母有多爱你们？"

孩子们的答案都是"很爱"，除了这个男孩，他不确定地说："也许……也许爱我吧。"

他的答案让我有些震惊，我下意识地想，男孩的心里肯定出现了某种困惑，或受到了伤害。

据我了解，男孩从小跟姥姥一起长大，到了小学三年级才回到市里上学，他跟父母之间有种很自然的陌生感，很少跟父母面对面交谈。所以，他从来不知道父母是怎么想他的，也不知道父母对他抱了怎样的希望。

后来，我特意拜访了男孩的父母，建议他们改变一下教育方式，多跟孩子进行面对面交流，这样父母的真实想法和感受，才能让孩子悉数明白。

男孩的父母立刻就采取了行动，在跟男孩聊天的时候会保持微笑，用心倾听，不时地做出一些和谐的肢体动作。有时称赞男孩的时候，父母还会拍拍他的肩膀，表示鼓励。慢慢地，亲子之间建立了更加浓厚的感情，变得越来越依赖彼此，越来越默契。

我最后一次去他家拜访的时候，男孩正从外面打球回来，他的脸上带着灿烂的笑容，浑身散发着蓬勃的朝气。他告诉我，父母很爱他，他们现在几乎无话不谈，相处得非常融洽。

通过跟孩子面对面沟通，能让沟通更有效，否则亲子之间会因为沟通不够而出现各种矛盾和隔阂。面对面沟通，不仅有利于孩子的发展，更有助于亲子关系的融洽。

父母要掌握沟通的主动权，创造跟孩子面对面沟通的机会，时间、地点、如何沟通都是父母需要考虑的问题，只有懂得创造合适的机会，才能做得更好。

很多时候，我想跟小语好好谈谈时，她都会拒绝。后来我才知道，很多孩子，尤其是处在青春期的孩子，最不喜欢跟父母沟通，他们认为，父母有板有眼的沟通，都是在说教。所以，父母要学会创造合适的沟通机会，让孩子接受沟通的机会。

之后我想出了一个好办法，小语每天去晨跑的时候，我会跟她一起去。跑累了，我们就坐在公园的凳子上聊天，刚开始没有特定的话题，慢慢地就开始沟通、交心了，整个过程显得非常自然又顺理成章。

小语在做家务、看电视、做手工时，我也经常主动跟她沟通，先从她感兴趣的事入手，然后再提到自己想表达的主题。实践证明，这样通常不会引起孩子的抵触和反感。

陶京想跟小语沟通的时候，通常都会直截了当地说："我想跟你谈谈，坐过来吧。"

通常这一句话就破坏了谈话的气氛，小语说，她老感觉爸爸会说大道理教育她。后来，我就告诉陶京，要向我学习，找准机会，创造自然的沟通机会，别给孩子压迫感。

慢慢地，我们都找到了跟孩子面对面沟通的技巧和方法，这样跟孩子交流起来，顺利多了。

跟孩子面对面沟通的机会，应该是父母主动创造出来的，寻找合适的机会，用正确的方式打开孩子的内心，让孩子愿意听父母的话，这样才不会被孩子忽视。

有些父母认为面对面沟通会带给孩子压力，反而不利于轻松地沟通，事实上这种想法是不对的。亲子间天生的亲密感更利于双方沟通交流，如果不能做到面对面，沟通的效果会不理想。

　　所以，父母要有跟孩子面对面沟通的意识，积极创造合适的沟通机会。有和谐的亲子氛围，面对面地感情交流，孩子会更愿意听取父母的意见。

为什么会这么想
——搁置你的需求，你永远不是沟通的主角

在跟孩子沟通时，父母要学做配角，多听孩子的感受，不能一味地自我表达，这样孩子会感觉到自己是被理解的，沟通起来就更顺畅了。

父母在跟孩子沟通时，容易犯一个错误，就是一味站在大人的角度上自我表达，孩子完全插不上话。这样看似是满足了父母沟通的需求，但因为孩子太过被动，没有表达机会，反而不利于双方沟通交流。

我认识一位学历非常高的朋友，他做什么事都很出色，但唯一觉得充满挫败感的是儿子不听他的话。一提到这个，他的心情就很低落。

他说："每次我开始话题，想要跟儿子沟通沟通，但是过不了多久儿子就不耐烦了，有时甚至会跟我对着干。现在居然发展到一听我说话，他就捂着耳朵走开。"

"每次都是你开始话题，那是谁结束话题呢？你儿子会跟你说什么？"我觉得很疑惑。

"儿子年纪小，每次我都会多说一下自己的意见和想法，告诉他怎么做才是最好的。我想大家都能理解我的做法，就是为了让孩子少走弯路啊。"

听了朋友的叙述，我知道问题出在哪里了。

朋友继续说："有段时间，儿子一放学回来就看电视，我就想跟他沟通一下，让他知道不能一直看电视，要记得写作业。但是我才说了几句，儿子扔下电视遥控器就回房了，还说我烦死了。"

"我觉得你的沟通方式不对，沟通是相互的过程，"我郑重其事地说，

"你要记住，在跟孩子沟通时，孩子才是主角，你要多让他表达感受，这样才能真正了解孩子，从而深入沟通。"

"你有没有问过儿子为什么一直看电视？有没有问过他的作业情况？你只是一味地站在自己的立场上表达自己，所以孩子才厌烦跟你沟通。"这就是亲子之间难以正常沟通的原因。

所以，父母要记住，孩子才是沟通的主角，自己要扮演好配角，才能成功实现真正的沟通，了解孩子的真实感受和想法，否则喧宾夺主，沟通就变成了父母的独角戏。

孩子有自己的心声，也有自己的价值观，所以在沟通过程中要给孩子表达的机会，从而让孩子喜欢上沟通。

远方亲戚家的孩子张冰特别喜欢跟妈妈说心里话，在他的记忆中妈妈是个善解人意的人，所以他跟妈妈的关系非常好。

张冰给我举了个例子，有一段时间他变得有些浮躁，学习成绩下降了，期中考试的成绩也很不理想。当时，他有些不愿意跟妈妈说这些。

一回到家时，妈妈看出了他的沮丧，也猜出了几分，就问："你怎么了？"

张冰想了想说："我这次考试的成绩非常差。"

听到这里，妈妈放下了手里的事情，走过去安慰张冰，说："你跟我说说原因吧。"

看到妈妈主动询问自己，张冰开口道："我最近这段时间太浮躁了，上课也无法静下心来学习，所以成绩下降了很多。"

"那你准备怎么样？"妈妈继续引导着询问。

"这个……我也不知道，"张冰说话的声音很小，"我现在什么主意都没有了。"

张冰跟妈妈一起继续讨论，张冰说了很多细节问题，妈妈听得仔细。在分析之后，最终找到了合适的解决方法，张冰的心里好受多了。

"妈妈,谢谢你,你真是太好了!"

母子俩的沟通就这样以愉快的心情结束了。在整个沟通的过程中,张冰是表达情绪的主角,妈妈是尽职尽责的配角。

在跟孩子沟通时,父母要多询问孩子的感受,引导孩子的情绪。孩子表达得越完善、越充分,沟通的结果往往也会更好。

扮演好配角有时并不是件容易的事,父母要根据孩子的品性特征来进行沟通,其中关键的就是要学会观察、聆听和积极反应。

我对跟小松的每一次沟通都非常重视,所以沟通得很顺利。

有一次,陶京走过来打趣道:"看着你跟孩子们沟通得这么愉快,告诉我一下秘方吧。"

小松正好回来了,他大声跟我说:"妈妈,我今天好像又犯错误了。"

听到这个,陶京"噌"的一下从沙发上坐了起来,想要说教。我赶紧拉住了他,给他使眼色,让他冷静下来。

"怎么回事啊?"陶京按照我的指示,耐心询问道。

"我今天放学的时候,有点发烧,感觉迷迷糊糊的……"小松话还没说完,陶京已经有些不耐烦了。

"然后呢?"我继续问。

"然后我走出教室,一不小心撞到了柱子上。"

听到这里,陶京忍不住要笑了。我瞪了他一眼,示意他专心听小松的话,不能三心二意和不耐烦。

"我把上面的瓷砖撞下了一块,没跟老师说就走了。"

我把小松手里的书包拿了过来,安慰他:"从你的话里,妈妈已经听出来你认识到错误了,明天去跟老师认个错就好了。"

小松想了想同意了。

"要不是你拉着我,我非得说说他,这么大了还闯祸。"

"这就是孩子不喜欢跟你沟通的原因。在与孩子说话时,他们就是主角，你要专心听讲，不能嘲笑，还要及时回应和出主意，不能只顺着你的问题说，这样才能扮演好配角。"

孩子在跟父母沟通时，更愿意分享自己的感受，想得到认同和尊重，所以父母要学习如何扮演好配角，如此才能让孩子甘愿说下去，与孩子做好深入的沟通。

每个父母都能希望通过沟通听到孩子的心里话，从而更好地教育孩子。但是很多时候都事与愿违，孩子很排斥沟通，大部分的原因是父母喧宾夺主，抢走了孩子的表达机会。

所以，父母不能只站在自己的角度上，宣泄自己的需求，而要结合孩子的情绪，把他们当作主角来看待，引导孩子表达、诉说，这才是亲子之间正确的沟通方式。

你是这么想的
——在沟通中，回应孩子的感受是很重要的

沟通是个双向过程，父母懂得回应孩子的感受，孩子才会在意父母的想法。回应在沟通过程中是很重要的，不懂回应的沟通，往往是无效的。

在教育孩子时，父母要意识到回应孩子感受的重要性，如果忽略了回应，孩子会听不进父母的话，沟通就变成了父母自己的喋喋不休。

我在网上看过一个这样的故事，看似有些好笑，却恰恰说明了沟通中回应孩子感受的重要性。

故事里的男孩出于某些原因，考试失败了，爸爸对他抱着很大的希望，所以一时有些难以接受儿子成绩退步的事实，就决定跟孩子好好沟通一下。

爸爸把儿子带进房间里，开始苦口婆心地劝说，大道理讲了一堆，一直说了很久很久。等爸爸口干舌燥实在没力气的时候，却发现儿子在一旁若无其事地看着他，于是他生气地说："我跟你说的这些，你理解了吗？"

"知道了，知道了。"儿子回答得非常干脆，爸爸准备出去时，儿子接着又来了一句，"爸爸，你的胡子好像该刮了。"

爸爸半晌没有反应过来，之后他气急了，原来自己跟儿子沟通了这么久，他根本就没有听进去，而是在盯着自己的胡子看。

"你这是什么态度？"爸爸质问儿子。

"爸爸，你一点都不懂得回应我的感受，我早就不想听了，而且我早就表示自己明白了，你还一直自顾自地说，那我当然也不会在意你的感受了。"

故事中的这位爸爸跟孩子之所以沟通失败，是因为爸爸忽略了回应孩子的感受，只顾表达自己的想法，对孩子的感受置之不理。

如果沟通不能相互回应，必然会受到局限或桎梏，从而不能顺利进行。因此，沟通要从回应孩子的感受开始，这是很重要的。

在跟孩子沟通时，如果父母忽略了回应孩子的感受，这种沟通轻易就会打消孩子的沟通欲望，甚至会引起孩子的反感。

有段时间小语的写作能力下降了，她变得有些焦虑。一天，她在客厅里看电视，陶京走过去跟她一起看。

"女儿，就看这个频道吧？"

"爸爸，我不想看这个，都是讲座，太没意思了。"小语有些不耐烦地说。

"爸爸觉得挺有意思的啊，更重要的是我认为你听听会有好处，对于你文学的积累和写作都有帮助。"陶京忽略了小语的反感，小语就不说话了。

我赶紧走过去，问小语："孩子，你为什么不喜欢这个讲座啊？"

"妈妈，我每天都要在学校学习，今天好不容易可以看电视，我就不能看点轻松的吗？"小语说得没错，事实上她学习很辛苦，情绪难免会低落紧绷。

"好了，我们不看这个了，你跟妈妈到屋里去，我们去看电视剧。"我拉着小语去卧室看电视剧。

"妈妈，这个电视剧真好看！"小语躺在床上跟我说，看起来很高兴。

看到小语高兴了，我就问了她很多关于学校的事情，她告诉我，写作能力下降是因为她最近压力比较大。

"妈妈很理解你的感受，现在不要再继续学习了，趁现在在家好好放松一下，过段时间会好的。"

"妈妈，谢谢你理解我。"我的感情认同让她很高兴。

如果孩子的感受得不到回应，父母的话说得再对孩子也不会听。只有回应孩子的感受,加以认同,孩子才愿意说心里话,跟父母交心。

在沟通中,父母要想及时回应孩子的感受,就必须学会捕捉孩子的反馈信息,然后才能做出正确的反应。

男孩子通常都比女孩子爱面子,小松也不例外。

有一次,小松从外面回来就一副闷闷不乐的样子,眼神里带着郁闷和愤恨。

我想,他肯定是在外面受气或者被欺负了,我必须缓解和认同他的感受。

"小松,你是不是不舒服?脸色看来起来不太好。"我走上前问他。

"没有啊。"小松说话的底气明显不足,眼神有些闪烁,肯定是遇见了生气又不好开口的难事。

"没关系,心情不好就先看会儿电视,妈妈可以理解的,要不再给你一杯鲜榨的果汁?"听了我的宽慰,小松放松了下来。

"妈妈,今天公交车上的司机太过分了,我刚一上车他就冲着我吼,让我快点。"提起之前的事,小松的眉毛都皱了起来。

"车上那么多人在,你的心情一定很不好,对吗?"

"那当然了,气死我了,那么多朋友都在,感觉好丢脸啊。"我回应了他的感受,他舒坦多了。

"别想那么多,你是个男子汉,对人要宽容大方,对不对?不能因为别人做错了你就愤愤不平,这太幼稚了。"听了我的肯定和鼓励,小松脸上泛着些笑意。

"妈妈相信你,你肯定能做到的,是吗?"通过捕捉小松的反馈信息,我顺着他的感受回应着,这让他很容易听进我的话,他心中的怒气也消了不少。

其实很多父母都很在意孩子的感受,但因为无法捕捉到正确的信息,从而做出了错误的判断。所以,对父母而言,要想及时正确回应孩子的感受,就必须学会捕捉孩子的各种反馈信息。

在沟通过程中，父母越能很好地回应孩子的感受，双方交流起来就越自然，越顺利。所以，父母要意识到回应孩子感受的重要性，否则很容易造成沟通阻碍。

在生活中，父母要学会做有心人，懂得及时捕捉孩子的反馈信息和心理变化，如此，才能准确地回应孩子的感受，成为沟通的主动者。

你真是菜鸟
——听不懂孩子的话，你真是OUT了

每个时代都有"流行语"，父母当然也不例外，所以不要轻易压制孩子的"胡言乱语"，要理解孩子，正确引导，才能"与时俱进"，跟上孩子的发展节奏。

随着社会的发展和新事物的不断涌现，孩子们有了属于他们的专业沟通语言，也就是"流行语"，这让很多听不明白的父母感到难以理解。事实上，父母不要抱着否定的态度，要试着理解孩子的行为。

我接到过一位妈妈的咨询电话，她跟我说了她的"疯癫女儿"陈芸的事。

"陈芸不知道怎么了，最近老说一些奇奇怪怪、词不达意的话，疯疯癫癫的。"

"她都说什么了？"

这位妈妈想了想说："女儿每天上网，为了不影响她学习，我就把网线拔了，她开始跟我哭闹，说我不仅LT（老土），还DC（独裁），无法跟我沟通。"

"哦，是这些'流行语'啊，"我从小松那里也听到很多次，"这些都是孩子们专用的交流语言。"

"每次说话都不好好说，还经常说什么'烘培鸡''偶稀饭''酱紫'什么的，我一听头都大了。于是我就告诉她，以后再在家里乱说这些，就不要吃饭了。为了这件事，我们大吵了一架，现在还冷战呢。"

"其实我觉得你完全不必小题大做，可以多理解一下孩子。你想想，我们小时候不是也有'流行语'吗？"这只是孩子的一种交流方式，不是在跟

父母作对，更不是故意学坏。

"这个……这个好像也是，我小时候也说过，唉，还是难以理解啊。"

"你放宽心，多理解孩子，这样矛盾就不见了。"

处在青春期的孩子，常常会有些特立独行的行为，用专用的交流语言就是其中的一种，父母不要多心，不是孩子叛逆了，或故意不跟父母交流，要理解他们的行为，才能打下顺利沟通的基础。

父母听不懂孩子的话必然会影响他们正常的沟通，一味地阻止打压无济于事，父母只能干着急。

还有一位来找我咨询的爸爸，也透露了有关这方面的烦恼。他的想法是不排斥孩子说专用的沟通语言，只希望跟孩子说话时彼此可以互相迁就一下，但是孩子越来越不愿意和他沟通交流了。

"我儿子老在外面跟别人讲，'我最不喜欢跟父母沟通了，本来大家就没有多少共同语言，有时他们还听不懂我有趣的话，简直就跟菜鸟一样，有时还会误会，我不得不花更多时间跟他们解释，真是太麻烦了。所以，我总觉得跟同学的关系会更亲近一些'。"

"这是很正常的现象，父母和孩子的成长环境不同，自然会产生沟通障碍。父母一味地抱怨孩子的说话方式，还不如去适应他们的方式。"我建议道。

"我都这么大年纪了，怎么能跟孩子似的用那样的话聊天啊？"这位爸爸显然对孩子的专业沟通语言不是很能接受。

"这只是孩子喜欢的一种沟通方式，很多的代沟问题都是因为父母不能去适应和懂得孩子造成的。所以，父母要主动学习一些孩子的专业沟通语言，这样才能顺应潮流。"

孩子的专业沟通语言，没有父母想象得那样难以理解，父母要主动学习一些孩子的专业沟通语言，从而用正确的方式引导和教育孩子。

父母听不懂孩子的专业沟通语言，就OUT了，所以父母可以跟孩子学习，这样不仅能适应新语言，还能更好地跟孩子沟通，增进彼此的感情，并引导孩子适当使用，避免一味地滥用。

小松经常说的一些专业沟通语言，在平时聊天的时候我都有问过他是什么意思，有时还会主动跟他学习，这个过程让我们都感觉很开心。

我从小松嘴里知道了"菜鸟"就是"新手"的意思；"东东"就是"东西"的意思；你"太菜"了就是"不行"的意思；这题太"boss"了就是"太难了"的意思。

在学习这些之前，我也闹过很多笑话。小松之前说"我晕"，我还以为他是头晕，赶紧去摸他的头，结果这只是一个简单的表达词；他说我是"大虾"，我蹙眉不解，后来才知道是夸我很厉害的意思。从那之后，我就决定开始学习他的"新语言"。

自从我跟小松学习了他们的交流方式之后，小松就更愿意跟我交谈了，他说："妈妈，我每次教你讲话时，不仅可以让我们交流得更顺畅，同时还有很多乐趣。最主要的是，我不像其他朋友那样认为，自己的妈妈是难以与时俱进、跟进时代的。"

"嗯，是的，这些语言很有意思，但你也要知道，这些毕竟不是规范语言，所以使用的时候还是要慎重一些。"

小松很高兴地点了点头，他现在更愿意听取我的意见，因为他觉得跟我越来越有共同语言了。

孩子说"新语言"是一种很正常的行为，父母要主动跟孩子学习，这样才能顺利沟通，顺便引导孩子正确使用"新语言"，只要方法正确，好处还是很多的。

孩子受到社会环境的影响，说些"新语言"是正常的行为，父母不要避之如猛虎，一味地打压孩子去改正，而是要用冷静的思维去理解孩子，学习孩子的说话方式，减少沟通阻碍，如此才能交流得更顺利。

父母在跟孩子说"新语言"的时候，还要及时提醒孩子，要慎用，不能不分时间场合胡乱使用这种不规范的"新语言"，要有度适中。

怎么都不会

——看孩子的反应，再决定你下一步如何开口

父母跟孩子说话时要把握好分寸，不能认为孩子年纪小就无所顾忌，要懂得根据孩子的反应调整说话方式，灵活应对，这样才能让沟通更顺畅。

父母学会看孩子的反应说话、懂得把握说话的分寸是很重要的，很多时候孩子不愿意跟父母沟通，就是因为抵触父母的说话方式。

不少父母跟我反映过"跟孩子说句话怎么就那么难呢"？其实并非孩子故意拒绝父母，而是父母一开始就没掌握好说话的分寸，不懂得对孩子"察言观色"。

我还记得有位前来咨询的妈妈，她说："我跟孩子说不了两句话，他就不耐烦了，看到他不耐烦的样子，我就更生气，言辞难免也会变激烈，最后沟通就进行不下去了。"

这位妈妈说得很沮丧。

"我听出来了，你跟孩子的沟通问题是因为不懂得顾忌孩子的反应造成的，"看出这位妈妈有些不解，我继续说，"孩子已经出现了不耐烦的情绪，你当时应该改变说话的方式，变得温和一些，为什么反而更生气，还用更激烈的言辞呢？"

"这个……这个……我就是很生气！"显然这位妈妈也是爱之深，责之切。

"父母跟孩子沟通的目的是解决问题，促进亲子关系的和谐，所以说话一定要注意分寸，要注意孩子的反应，这样才能避免产生不必要的矛盾，才

能平和地沟通。"父母只有拿捏好分寸,才能占据沟通的主动权。

"嗯,仔细想想是这样的,以后我要尽量克制自己,拿捏好说话的分寸。"

"沟通就应该是这样的,我相信你一定可以做好。"

很多父母认为跟孩子说话时讲究分寸是没必要的,这样想的父母就摆不正自己的位置,意识不到看孩子反应说话的重要性,所以才会经常出现沟通不畅的问题。

根据孩子的反应把握好说话的分寸,沟通必然会有良好的效果,如果父母可以把握好,就可以避免很多问题,同时也有利于亲子关系的自然和谐发展。

小松一放学回来就去卧室写作业了,我叫他吃饭的时候他的脸色不是很好,我以为是累了,也没多想,就随口问了一句:"作业写好了吗?"

小松没有看我,嘀咕了一句:"没呢,这几道题好难,做不出来。"

我走过去才发现,小松正在写数学作业,问他:"哪些题不会?"我想教教他。

"这些都不会。"小松指出了好几道题。

"怎么都不会呢?老师上课时没讲这类题要如何解答吗?"

"讲了,但我没好好听。"小松带着不悦说。

我很想责问他,为什么上课不好好听讲,但看他有些生气的样子,就打住了。

"这几道题正好妈妈会,我再给你讲一遍吧。"

小松点头答应,我仔细给他讲解,他听得也认真。

终于,小松明白了解题思路,心情也变好不少。

"妈妈,我今天上课的时候有些开小差,以后不会了。我一定好好听课,谢谢你没责备我。"小松意识到了错误,让我很高兴。

看他现在一副释然的样子,我告诉他:"以后上课要好好听讲,下课会省很多事，否则不但浪费时间，效果还很差。"

"嗯，妈妈，我知道了。"心情畅快的小松很容易就把我的意见听了进去。

如果我刚开始就责备他上课不认真听讲，或者大声训斥他，只会让他焦躁的情绪更不安，说不定还会吵起来。等他情绪缓和了我再讲道理，结果就大不相同了。

父母要学会注意孩子的反应，有技巧地说话，不仅能让孩子愿意倾听，还能及时化解孩子的坏情绪或抵触心理。如果父母能做好这些，就等于掌握了说话的分寸。

根据孩子的反应掌握好说话分寸是一门值得学习的技巧，需要父母学会"察言观色"，这样才能及时调整说话方式，拿捏好说话分寸。

我在听讲座的时候，认识了一位教育学者，当时我们沟通了很久，探讨了一些教育问题。

"我在跟孩子沟通时，体会最深的是要学会'察言观色'，这样才能及时调整说话方式，不会因为话不投机而让孩子反感或生气。"

他告诉我，每次跟儿子沟通时，他都会特别注意。比如，在说话的时候，感觉孩子产生了抵触情绪，他就会立刻停下来，让孩子自己冷静一下；当孩子有了自己的想法，想要辩解时，他会及时鼓励孩子说出来，就算孩子说得不好，也不会说出难听的话来刺激孩子。

"是的，你说得很对，我在教育孩子的时候也会特别注意他们的反应。孩子的神情、举止，甚至一个眼神都带着反馈信息，如果我们能及时捕获，就会知道孩子内心的真实感受和反应，这样在说话的时候才能真正拿捏好分寸。"这是我的教育心得。

"你说得也不错，如果所有父母都能做到这些，孩子就会更愿意听话，更愿意跟父母沟通。"

那次我们就这个话题聊得非常愉快。

父母学会"察言观色",及时捕获孩子的真实反应,是说话时拿捏好分寸的重要依据和保证,如果忽略了这些细节,在沟通中就容易出现言语上的冲突。

根据孩子的反应说话,才能说到孩子的心里面,同时可以避免产生很多沟通矛盾,影响亲子关系的和谐发展,因此,父母一定要培养自己说话拿捏好分寸的能力。

父母要想说话恰当,就必须学会"察言观色",洞悉孩子的真实情绪和反应,这样才能及时做出正确的回应。

对，肯定会的
——做做孩子的应声虫又何妨

有些父母一直在埋怨孩子不善沟通，如果及时反省一下自己，很可能会发现父母不会附和孩子才是影响沟通的原因。很多时候，父母学做孩子的"应声虫"是有必要的。

孩子在跟父母沟通时，需要父母的肯定和附和。父母在做"应声虫"的时候，一定要表达出真挚的感情，这样才能激发孩子的倾诉欲望。

小语小的时候，我去她班级参加过很多次亲子交流会，在那里，父母们可以一起讨论教育心得。有一位妈妈的教育故事我到现在还记得很清楚。

儿子刚上小学的时候，迷恋上了讲故事，每天回来他都会给妈妈讲故事。虽然妈妈比较忙，但看着儿子的兴致很高，只能耐着性子听。

时间一长，儿子的兴致不但没减，反而更高了。妈妈听得越来越心不在焉，只是在一旁简单附和，说儿子讲得很好。

有一次，儿子讲到一半忽然不说话了，妈妈抬起头，问道："为什么不讲了？讲完了吗？"

儿子很沮丧地说："我不想说了，你根本就不想听。"

"怎么会呢？"这位妈妈怕孩子伤心，赶紧解释，"妈妈不是一直在附和吗？"

"您虽然一直说'是''嗯'，但您根本不是真心附和的，我不想再说了。"

妈妈意识到了自己的错误，立即打起精神，表现出很想听的样子，要求儿子继续讲。

这次,妈妈积极地附和着,感情非常真挚饱满,儿子讲得可高兴了,兴致越来越高,一会儿就讲完了。

从那之后,这位妈妈再跟儿子沟通时,总会充满感情地附和,不再不耐烦地随意应付。她跟儿子之间的沟通变得非常顺畅。

在很多时候,父母的真心附和是孩子倾诉和沟通的动力,如果缺少了这些,就很容易打击孩子的积极性和沟通欲望,父母就是最失败的"应声虫"。

父母在附和孩子的时候,要做到对事不对人,不能孩子说什么都附和,否则就失去了沟通原有的意义。父母可以附和孩子的情绪,却不能附和他们的错误认识。

周末小语从同学家回来,她告诉了我一件"新闻"。

"我们的数学老师被学生家长给投诉了,好像周一不能给我们上课了。"

"怎么回事啊?我记得你们的数学老师虽然严厉,但挺负责任的啊。"我有些不可置信地问。

"还不是周航的妈妈。"

小语告诉我,周航的妈妈就是周航的"应声虫",无论周航跟妈妈说什么,妈妈都认为他是对的。

周航没有完成作业,数学老师就惩罚了他,结果他回家跟妈妈说数学老师是如何厉害、如何不通情理、如何冤枉了他。

妈妈只会附和周航,认为肯定是儿子受了委屈,所以就给学校打了举报电话,结果就成了现在这样子。

"周航妈妈怎么能这样啊?她怎么什么都附和儿子的想法?这样下去,以后谁还敢管周航啊?"

后来,学校查明真相,的确是学生周航的原因,不关老师的事。周航妈妈还不依不饶地来找我哭诉。

"你说学校怎么这样啊？怎么能这样对我儿子？"

"周航妈妈，其实我也认为是周航的问题，你不该太过相信儿子，什么都附和他的想法，这样不仅有失公道，还会误导周航。"我把心里的想法全部跟周航妈妈说了，希望她不能用这样的方法来附和儿子。

"孩子受委屈了，你可以附和他的情绪，但不能附和孩子的错误想法，这样的沟通方式是不对的。"

适时地附和孩子是一种肯定和尊重，但父母要有原则，不能什么都随意附和，要分清是非，可以附和孩子的情绪，但一定不能附和孩子的错误认知。

父母在附和孩子的时候，不能只是被动的肯定者，还要发表自己的意见或用实际行动来表示对孩子的肯定，这样的沟通效果会更好。

有一阵子，小松迷上了书法，经常跟楼下的一位老爷爷学习写字。一段时间之后，小松却没有什么进步。

"妈妈，我是不是不适合学书法啊？怎么进步这么慢？"小松有些怀疑自己。

"你怎么能这么想呢？你才练习了多久？"

"也是，这毕竟是个长期的过程，是我太心急了。"小松想了想，想要重新找回信心，"只要我坚持下去肯定会写好的，对吗？"

"对，肯定会的。"我附和道。

"妈妈，你是真的这样认为吗？你不是在敷衍我吧？也许你也认为我太笨了。"小松这次变得很没信心。

"当然不是，妈妈是真的相信你。"

为了让小松知道我的附和是真心的，我把小松从开始到现在写的毛笔字都铺在了桌子上，我指着它们说："儿子，你看看，你的进步虽然慢，但是不是一篇比一篇好？"

小松走过来，瞧了一会儿说："好像是真的呢。"

"这下你相信妈妈没有敷衍你，而是发自真心的认可了吧？"

"嗯，嗯，我相信。"

我在做小松的"应声虫"时，不会只是简单地附和，而会通过其他方式来进行有说服力的附和，除了语言，还有很多种附和孩子的方式。

附和孩子的方式有很多，绝不仅仅限制在语言方面。父母做"应声虫"的目的是让沟通更成功。所以，在选择附和的方法时，不妨可以用心多找一些其他方式。

父母有原则地做孩子的"应声虫"不是一件坏事，孩子需要父母的肯定，需要父母的支持和认可，从而让沟通顺利进行。

当然，回应也是有原则和技巧的，可以回应孩子的情绪和态度，但不能承认孩子的错误。父母可以在附和孩子的同时，表达自己的意见，引导孩子的想法。

你没有说

——把无谓的胜利让给孩子，懂得认输的父母会交流

有些父母在教育孩子时，喜欢分出胜负高下，但这会让孩子心生厌恶，反而阻碍了正常的沟通交流。只要不违背原则，父母不妨把"胜利"让给孩子，这是一种会交流的表现。

很多父母在跟孩子沟通时，特别能言善道，能把孩子说得一句话也没有。但是这种所谓的"胜利"，会让孩子感到逼迫，从而讨厌跟父母继续沟通。

朱燕是我的高中同学，人长得漂亮，学习成绩也好，在班里的人缘却很差。原因就是她说话太咄咄逼人，一直说到对方认输才肯罢休。

现在她的缺点不但没改，还比以前更厉害了。她跟她儿子吵架时，我看到过一次，她的儿子气得一句话也说不出来，当场就摔门而去。

朱燕的儿子叫苏晨，正在读初三。那天我去朱燕家的时候是周末，苏晨一直在屋里写作业。过了一会儿，朱燕去给苏晨送水果，结果发现苏晨根本就没在屋里学习。朱燕很生气，立刻出去把苏晨找了回来。

"你怎么能骗妈妈啊？你不是说要一直在屋里学习的吗？"朱燕生气地指责道。

苏晨不理她，低着头不说话，满脸的不服气。

"你现在是'死猪不怕开水烫'是吧？说话！"有时候朱燕说话就是这么刻薄。

"我说什么啊？反正我又说不过你，什么时候都是我的错。你爱怎么想

就怎么想吧。"苏晨冷漠地说。

我赶紧把这对母子拉开。

苏晨告诉我，有一次，他写作业累了，想出去玩一会儿，但朱燕不允许。

"你现在都初三了，抓紧时间学习都不够，你还想出去玩？"朱燕不答应。

"可是我真的很累了，劳逸结合不好吗？"苏晨很不服气地回道。

"什么劳逸结合。数学学累了就换英语，你怎么连这个都不懂，你还不承认是自己错了？"朱燕总是有她自己的道理。

"我玩一会儿怎么了？你为什么非要逼我认错呢？"

"本来就是你不对，还不承认。"

苏晨发现无法跟妈妈沟通，只能回房了。

之后我跟朱燕说："你平时跟孩子说话太强势了，一直想着让孩子无法还口，这不好。在交流时，要懂得在口头上认输，不然儿子以后都不想跟你沟通了。"

在教育孩子时，父母的胜负欲不能太强，不能不给孩子留余地。一旦太过，孩子会认为父母难沟通，甚至咄咄逼人，如此必然会沉默相对。

不论在什么时候，父母都不应该威逼孩子认输，这样做还可能会激怒孩子。父母适当地认输和妥协，反而会让孩子心生感激，愿意进一步跟父母交流。

生活中，我见过很多较真儿的父母，他们习惯性地逼迫孩子，但是我从来不会这样做。

有一次，陶京带小松出去玩，结果那天下雨，两个人淋得跟落汤鸡似的回来了。一回来，他们父子俩就开始争吵。

"我都说了让你出门带伞，结果你给忘了，都怪你不听我的话。"陶京数落着小松。

"你根本就没说好不好,我没听见。"小松也不服气,跟陶京针锋相对。

"出门的时候,我明明跟你说了,你怎么不承认?你真是个有问题的孩子。"陶京的话越说越难听,我费了很大劲才把他拉进卧室。

"你跟孩子较什么真儿啊?还吵成这样。"我责备着陶京。

"是他跟我吵的,我不能认输,我一定要吵赢他,他还有理了,敢跟我顶嘴。"

"你是爸爸,是大人了,怎么说话还这么幼稚?吵架也非要分出胜负来,这样有意思吗?"

在我的劝说下,陶京决定妥协认输,不跟小松吵了,还说是自己冤枉了小松。

小松看到陶京忽然认输了,自己也不好意思地低下了头,一会儿,还主动跟陶京握手言和。

"爸爸,刚才是我不对,不应该因为小事跟你顶嘴。以后我们有话好好说,再也不吵了,好不好?"

最后陶京和小松很快就忘了这件事,一起笑着看足球赛去了。

孩子也有胜负欲,如果父母一直咄咄相逼,想让孩子认输,他们也会不甘愿。如果父母主动认输,反而能让孩子及时自省,跟父母和颜悦色地沟通,这才是明智之举。

父母学会跟孩子认输是会沟通的表现,但也不能毫无原则地认输。在无关紧要的事上认输是大度,但也要把握好原则。

我跟孩子相处时,一向比较宽容忍让,但前提是不要触犯原则。

小语是个心气高傲的孩子,胜负欲也比较强,平时总喜欢别人听她的话,这样她才有胜利的感觉。

有一次,小语跟同学在家里下棋玩,谁知没一会儿同学就生气地走了,还说小语太不讲规矩了。

我问了小语才知道,她为了赢棋,居然趁同学不注意的时候偷偷换了棋子，这让同学很生气。

"小语，你这么做是不对的。"我严厉地跟她说。

"这有什么，我就是想赢。"小语还不以为然地回道。

"你这是品行问题，就是你的不对。如果为了赢，就采用错误的方法，这是难以让人原谅的。"

"反正我觉得自己没错。"小语还不认错。

"小语，如果一个人的眼里只有输赢，那他就太可悲了，思想也很危险。妈妈真不喜欢你这样。"

小语看我态度严肃，丝毫没有妥协的意思，再想了想之后，就认错了。

"妈妈，你今天好严厉啊！"小语有些不悦地说。

"妈妈不是非要跟你争辩，是在教育你要养成良好的品格。"

面对无所谓的胜负，父母不需要跟孩子过分计较，退一步反而更利于彼此之间的沟通。但原则问题一定不能轻易妥协，这是教育孩子的大忌讳，容易误导孩子的是非观念。

胜负欲强的父母在沟通时，会显得有些不留余地，咄咄逼人，容易让孩子望而却步。甚至感觉父母太强势，从而不愿意再和父母沟通。

在跟孩子沟通时，父母不妨退后一步，让孩子赢，这样不仅显得自己大度，还会让孩子心怀感激。当然，面对原则问题，父母就不能轻易认输了。

为什么染头发
——沟通带有情绪，整个场面就会乱套了

父母带着情绪跟孩子沟通，同样只会以失败收场。孩子不听话，是因为父母不会调整情绪。带有情绪化的沟通还会给孩子带来心灵上的伤害，父母在沟通时要把握好情绪。

父母要想化解沟通时的情绪化反应，就首先要认识到沟通带有情绪的坏处，不仅控制不好沟通场面，还会给孩子带来创伤。

曾经有个患有抑郁症的男孩来我这里进行过咨询治疗，他告诉我，他一点也不想待在家里，尤其不愿意看见自己的父母。

"你现在的心情这么低落，是不是跟爸爸妈妈有关系啊？"我小心翼翼地问道，他的脸色很难看。

男孩不愿意回答，低头不说话。过了很久，他才缓缓说："我刚开始并不讨厌父母，但他们教育我的时候都非常情绪化，说着说着就开始指责我，甚至大声训斥。那个时候，我感觉好害怕。"

"然后慢慢地，你就再也不愿意跟父母沟通了吗？"

"嗯，每次跟他们说话之前我就好紧张，不知道会不会挨骂。"男孩长期忍受着这种情绪化的教育方式，心理变得很紧张脆弱，所以就患上了抑郁症。

后来，我又跟男孩的父母进行了探讨，跟他们说了很多不能带着情绪教育孩子的原因，希望他们能改一改自己的教育方式，这样才能让孩子不再抑郁，才能解决问题。

父母在我跟前，跟男孩再三保证，以后再也不会随便对他发脾气，会控制好自己的情绪，最后，才挽回了男孩的信任。

孩子的各个方面都还不成熟，在跟孩子沟通时要注意控制自己的情绪，否则不仅可能会引起孩子的抵触心理，还会让孩子紧张、缺乏安全感等。

父母在跟孩子沟通时，要营造和谐温馨的沟通氛围，它能有效平复大家的情绪，避免让父母陷入情绪化反应。

每次跟小语沟通的时候，我会刻意挑个好时候、好氛围。

我们知道，孩子在成长的过程中，很容易出现各种各样的问题，由于爱子心切，所以沟通时难免会带着情绪。

有一次，小语不知道为什么，在外面染了头发，虽然不多，但还是非常显眼，于是我就决定跟她谈谈。

那天，就我跟她在客厅，电视里放着她喜欢的电视剧，我们一边吃着瓜子、水果，一边聊天，感觉非常好。

等我感觉到气氛营造的差不多时，我才问她："为什么忽然想染头发了？怎么也没跟我说说啊？"

小语看我没生气，语气也比较随意，就说："其实我也是被逼的，我同桌说要一起染发，不染就不是好朋友，所以我就染了。"

我心里一想，原来是为了朋友义气。

"你们老师今天给我打电话了，说了你们的事，既然都染过了，过两天再染回来吧。毕竟你们还是学生，可不是电视上的明星啊。"

这场沟通，就这样极其自然地结束了。我很了解小语，如果一本正经或严肃地说她，必然会引起她的不满，甚至不跟我说实话。那天，我们的心情在和谐的气氛中很稳当，所以沟通也顺当多了。

跟孩子沟通时的气氛非常重要，如果一开始就因为情绪化让孩子紧张不满，沟通就等于失败了一半。所以，在沟通之前，父母要有营造和谐气氛的意识和能力。

在教育孩子之前，父母要保持冷静理智，不能依据自己当时的喜怒哀乐跟孩子沟通，这样不仅让孩子难以适应，反而会让孩子认为不公平，对父母产生厌烦和不认同。

小语的同学张倩哭着来找我，说她爸爸就是一个喜怒无常的"坏人"。

"怎么了，倩倩？"我赶紧从厨房出来。

"我爸爸太善变了，每次跟我说话时都要看他的心情，有时他高兴，跟我沟通的语气会很好；有时他不高兴了，一点小事也能跟我吵很久，这次居然还动手打我了，我实在摸不透他的情绪。"张倩一边哭，一边跟我说。

张倩爸爸的错误，很多父母都有，都太受自我情绪的影响了。

"这次，他好像喝酒了，就又提起我成绩倒退的事，训得非常凶，我认错了都不行。"张倩越说越委屈。

"倩倩，你别哭了，我跟你爸爸说说，保管他以后再也不会这样了。"我向倩倩保证道。

张倩爸爸酒醒了，他自己又开始后悔用那样的情绪跟倩倩说话。

"在你有情绪的时候，不论孩子怎么样，都不要轻易跟他们沟通，或者你要努力平复心情，用理智的情绪来跟孩子沟通。你看，你的不稳定情绪给倩倩带来了多大的困扰。在她眼里，你就是一个无理取闹、毫无原则的爸爸。"

张倩爸爸连连称是，其实他现在也已经后悔了，但他平时就是一个特别情绪化的人，所以跟孩子说话时也经常容易情绪化。

后来，张倩爸爸果真好多了，他见到我之后告诉我，他现在学会了很多让自己保持理智冷静的方式，再也不像之前那样容易情绪化了。

我高兴地告诉他，那就好。

情绪化的教育方式会让孩子无所适从，对父母的人品、行为产生质疑。因此，父母一定要学会用冷静平和的态度来教育孩子，做好沟通的准备工作。

要想跟孩子关系好，父母就要擅长跟孩子沟通，不能成为沟通的被动者，其中带着情绪的沟通就是不行的，不良情绪是亲子沟通的重要阻碍，整个气氛会变得很紧张。

父母不仅要意识到情绪化沟通给孩子带来的伤害，还要学会营造温馨和谐的沟通气氛和控制情绪，保持冷静，这样才能避免沟通陷入僵局，才不会让场面失控。

你好滑稽啊
——插嘴很讨厌，但是能插成这样就不同了

生活中很多人都认为插嘴是件坏事，但在跟孩子沟通时，如果父母的话插得合适，不仅不会引起孩子的厌烦，还能起到意想不到的积极作用，插嘴也是有技巧可言的。

有些父母总是轻易打断孩子的话，喜欢插嘴，他们只是想要表达自己的意见，根本没考虑如何插话才好，所以一言下去，就能让孩子闭嘴，再也不愿开口。

邻居家的孩子小菲特喜欢在别人家玩，甚至跟其他孩子的父母聊天，却不跟自己的父母聊天。

她爸爸来我家里做客时头疼地说："我这个女儿啊，在别的地方就是个'话匣子'，在家里，就成了'闷葫芦'。真不知道她是怎么回事。"

小菲低着头嘀咕道："还能因为什么，谁让你们喜欢打断我的话，每次我正说得高兴时，你们就插话，要不说我这里做得不对，要不就是那里不好，我听了当然不高兴，就不想说话了。"

小菲的一句话就让爸爸哑口无言了。

其实小菲说的是真的。

至少我就看到过一次。去小菲家做客时，小菲非常高兴地跟我说，她今天在花市上又买了两盆好看的花，有茉莉还有雏菊，一边说，还一边讲要怎么施肥捉虫子。

小菲的话还没说完，她爸爸就说："别把茉莉放在你的房间里，晚上很容易招虫子,到时候咬你。"

小菲听后脸色立刻就变了,沮丧地坐在一旁不吭声,爸爸还意识不到小菲的失落,一个人振振有词地继续发表"高谈阔论"。

我悄悄坐到小菲的身边说:"你刚才说得真好,还能继续跟阿姨说吗?"

于是小菲就立刻高兴地跟我一个人说起来了。

父母的随意插嘴会让孩子很不高兴,感觉自己没被尊重,从而产生厌烦感。因此,父母不要做随意插嘴的人,要懂得约束自己的行为。

适当地插嘴,是有技巧的,不仅不会让孩子厌烦,还能引起孩子的共鸣,得到孩子的认可。总之,插的话要恰到好处才行。

我曾经在书上看过一个这样的小故事:

一个小孩子,在跟妈妈诉说自己倒霉的一天。他说:"妈妈你不知道,我今天有多倒霉,我今天考试居然忘记带笔了,还好借了其他同学的;放学后,天空居然又下雨了,我没带伞,只能跟同学挤在一起,可一不小心,我就摔了个大跟头,弄了一身泥浆。"

孩子还没叙述完,妈妈就插话道:"你怎么这么笨呢?你不觉得自己的一整天都很滑稽吗?"

孩子惊讶地张大了嘴巴,不敢相信妈妈居然忽然插了一句这么伤人的话。

孩子开始赌气,三天都不跟妈妈说话。

其实文章中的妈妈错不在自己插话了,而是说的话不对。

孩子一直在强调自己很倒霉,妈妈却没有听出来。如果她能这样插话"孩子,我也觉得你今天太倒霉了",结果会大大不同,孩子会认为父母认同了自己的情绪,才有兴趣把剩下的心里话告诉妈妈,也不会跟妈妈赌气不说话了。

"如果是我,我也会生气的。"从我身边经过的小语也看到了这个故事，她来了这么一句话。

其实人的心理都是这样的，父母插话并不可怕，可怕的是不懂如何做。

事实上插嘴并不一定是坏事，父母插得好，还会巩固亲子之间的感情，但一定要掌握好分寸和技巧，这是插嘴成功的根本保证和前提。

学会插话有些原则需要父母特别注意，那就是真正听懂孩子的话，认同孩子的感情。父母要在此基础上学会举一反三，灵活运用。

"怎样才能让孩子接受父母的插话呢？"

"我一插话孩子就反感，该怎么办呢？"

这些都是父母的抱怨声。

插话的技巧有很多，只要合时宜就可以了。但父母必须要遵守一个原则，要真正听懂孩子话里的深意，认同孩子的感情。

有一次，小语一回来就兴高采烈地跟我说："妈妈，你不知道，最近我们班的刘心可受欢迎了。他去香港的迪士尼乐园玩了，大家都很羡慕他……"

小语就像一个话唠一样，开始跟我讲刘心看到的新鲜事物。

听了一会儿，我明白了她的深意，不是跟我说迪士尼有多好玩，而是想让我带她也去看看。我上次答应她生日的时候带她去玩，结果临时有事就取消了。

"有时间我们也带你去好不好？"

我打断了小语。

小语立刻不说话了，高兴地看着我说："真的吗？太好了，妈妈，我也可以去了，你总是那么了解我，哈哈。"

小语高兴地给同学打电话分享喜悦去了。

我适时的插嘴让她很高兴，也很受用，就是因为我明白了她的深意，认同了她的感情。

从这里不难看出，插嘴也是巩固亲子关系的有效手段，只要把握其中的

139

原则，就能达到意想不到的效果。

父母学会插嘴不是坏事，可以促进亲子关系的和谐发展，但前提是要懂得如何插嘴，怎样既恰到好处，又能引起孩子的共情，如此，结果肯定会有大大的不同。

父母在插话之前，首先要想明白孩子的目的，听出孩子话里的深意，然后再认同孩子的感情，这样往往会事半功倍，让孩子很受用。

我是爱你的
——适时闭上你的嘴，更有利于和孩子沟通

没有沉默，一切交流都是无法进行的。父母在跟孩子沟通时，适时地沉默，有利于激发孩子的沟通欲望和自省能力，让亲子关系更和谐，同时减少沟通中的矛盾和冲突。

在跟孩子沟通时，如果父母不懂得适时沉默，一直喋喋不休，就会让孩子感到反感。只有适当保持沉默，才能让孩子感觉舒适，愿意与父母沟通交流。

我去上班的时候，碰到了好久不见的韩平，他的心情非常低落，我从他身边经过，他都没发现。

"这是怎么了啊？"我停下来跟他打招呼，"你的脸色怎么看起来这么不好？"

"唉，还不是因为孩子啊。"韩平说话都很没底气。

韩平告诉我，他的儿子韩磊最近也是垂头丧气的，情绪低落，每天放学回来都闷闷不乐，也不愿意跟他们说话。有时他们主动跟韩磊沟通，韩磊却不愿意理他们，总是找理由一个人待着。

"孩子肯定遇到了不顺心的事，有时间我帮你问问他吧。"我安慰韩平，希望能帮到他。

第二天晚上，我去韩平家做客，就借机跟韩磊谈了谈心。

在交谈中，韩磊告诉我说："我不愿意跟爸妈说话是有原因的，每次我跟他们交流时，过不了两分钟，就变成了教育大会，而且一说起来就没完没

了了，听得我真心烦。"

后来，我跟他们一家人说，以后再跟孩子沟通时要采用"一边听，一边问"的沟通方式，谁也不能一直喋喋不休，尤其是父母，一定要懂得适时保持沉默，这样沟通才有意义。

等他们一家试过这种沟通方式之后，都发现了沟通真的是需要沉默的，这样才能良好顺利地沟通，不会让对方感到厌烦和不满。

"我们知道了，以后再跟孩子交流时肯定不做'不懂喘气'的父母了。"韩磊拍着胸脯说。

父母在跟孩子沟通时，经常会迫不及待地让孩子接受自己的想法，从而不懂得适时保持沉默，一味地不停说教，这会明显降低孩子对沟通的期望，甚至会感到厌烦。

在跟孩子沟通时，父母适时地沉默，能引起孩子的自省，让孩子更好地理解父母，让沟通交流变得顺利。

记得小语小时候，有一次我带她去公园玩，她非常开心，不知不觉时间就过去了。眼看天色不早了，我催促她要回家了，小语却无动于衷。我走过去拉她，结果小语忽然生气了，她冲着我吼了一句："干吗啊？我就是不回去，走开。"

听了小语的话，我当时都震惊了，这孩子什么时候学得这么刁钻。我立刻脾气就上来了，想要跟她好好理论理论，她的行为太过分了。

但是我转念一想，就打消了这个念头，然后放开她的手自己回家了。

我回家后，跟往常一样，做好饭菜，就去看电视了。

小语回来后，小心翼翼地看着我，然后默默地吃饭，不时地用眼瞟我。

我还是没说什么，也没有生气地批评她。

小语吃完晚饭后，悄悄走到我身边，小声说："妈妈，我以为你会狠狠批评我，但是你没有。吃饭的时候我认真反省过了，我错了，我不该那么晚了不回家，还冲你吼，我现在向你道歉，对不起。"

小语说得非常虔诚，我知道她认识到了错误，就原谅了她。

"嗯，既然你知道错了，以后就要改正。"我肯定了小语的道歉行为。

本来我想直接教育小语，但最后还是选择了沉默。让她自己意识到错误，比直接的言语批评要好很多。

在跟孩子沟通时，有时不需要说得很明白，只需要适当地沉默，就能达到良好的沟通效果，让孩子在沉默中自省，明白父母的用意。

父母适时的沉默，能避免不必要的冲突，避免孩子的情绪激烈，让气氛冷静下来，有利于亲子关系的和谐发展。

我家里有两个孩子，小松出生的时候，小语"吃醋"了，还发了很大的脾气。

小松刚出生不久，我对他的照顾肯定要细心周到，每天都要花很多时间和精力，为此，就有些忽略小语了。

有一次，我在给小松喂奶粉时，小语喊了我两声，我没听到，后来她就怒气冲冲地跑过来说："妈妈，我就知道你不爱我了，你的爱全部给了小松，我再也不喜欢妈妈了。"

小语看起来非常激动，气得脸都红了。我没说话，只是安静地看着她，她生气地跑开了。

照顾完小松后，我给小语拿了她最喜欢吃的蛋糕和最喜欢喝的饮料，我不说话，只是把这些递给了她。

小语看到这些后无动于衷，我就静静等着她。过了一会儿，她气消了，就伸手把这些东西拿了过去。

"小语，妈妈怎么会不爱你呢？你小时候妈妈也是这样照顾你的。小松还小，如果我不照顾他，他要怎么长大啊？再说了，他是你亲弟弟，你不爱他吗？"在小语言辞激烈时我选择了沉默，在她气消之后，我再跟她讲道理。

"嗯，刚才我的情绪太激动了，不该说那么过分的话。"小语有些不好意思地说。

"嗯，妈妈理解你的心情。"我及时安慰她，轻轻抚了抚她的脑袋。

当孩子的情绪比较激动时，如果父母还跟他们说个不停或者讲大道理，那是行不通的。不如适时沉默，把紧张的气氛缓和一下再交流，这样沟通起来才更得心应手。

在跟孩子沟通时，沉默是一门非常有必要学好的艺术，也蕴含着非常强大的力量。父母适时的沉默能让孩子及时表达自己的思想，能让孩子自省，避免产生激烈的矛盾，保证亲子关系的和谐顺畅。

当然，沟通中的沉默不是不说话、不表达，而是在必要的时候做出的沟通技巧，父母不要理解成不理孩子，这样反而阻碍了正常的沟通。

第五章

弯下腰去感知,跟孩子建立心灵共鸣

我理解你的心情
——情感的交融是真正的共情，从心灵上接纳孩子

父母教育孩子的方法多种多样，主要的是要学会从心里接受孩子，培养与孩子的共情。父母跟孩子有心灵上的共鸣才是真正的陪伴，否则只是一种"绑架"关系。

建立心灵上的共鸣对父母和孩子都是非常重要的，如果没有心灵上的共鸣，父母和孩子就难以进行深入的沟通，父母的爱也会变成孩子的负担。

据我所知，在教育问题上费力不讨好的父母有很多，原因无非就是无法跟孩子产生心灵共鸣。

来找我反映问题的孩子，跟我说过最多的话就是"我现在过得一点都不快乐"。

朱振是一名高中生，有轻微的抑郁症。

"长这么大，我好像从来都没为自己活过，爸妈让我好好学习我就学习；让我参加补习班我就去；不让我看电视我就不看。现在我感觉再也受不了了，不想再过这样的日子了。"朱振很沮丧，没有一点青少年该有的蓬勃朝气。

"这些你跟父母反映过吗？"

"之前说过，"朱振不以为然，"但是现在不说了，因为说了也没用，爸妈是不会理解我的感受的。他们只知道为我好，却不知道我想要什么，在乎什么。"

从朱振的话中，我不难感觉出，他跟父母之间存在着严重的交流问题，

彼此都没真正用心沟通。

朱振的爸爸问我孩子的情况是不是很严重，我告诉他想要让孩子真正快乐起来，父母必须要跟孩子及时沟通，明白孩子的内心需求，如此才能了解孩子，陪伴孩子健康成长。否则，父母的爱对孩子来说只是一种桎梏。

孩子跟父母生疏，不喜欢与父母沟通亲近，都是难以跟父母产生情感共鸣的结果。父母无法从心灵上接纳孩子，跟孩子沟通，必然会出现教育问题。

父母跟孩子建立起心灵共鸣，是打开孩子内心的金钥匙，用心交流会拉近彼此的关系，让孩子更信任父母、依赖父母。

陶京去朋友家做客后，回来跟我说起了朋友家的女儿卓洛，她跟父母的关系非常好，德、智、体、美各个方面也很优秀。

"在我看来，朋友一家人的关系就跟朋友似的，相处得非常好，大人跟孩子都很有共识和默契。"这是陶京的感受总结。

卓洛正处在青春期，各个方面都在不断成熟，但她跟父母的关系依然非常融洽，没有矛盾和不悦。

"妈妈，最近班上传言，有些同学在谈恋爱，这个问题你是怎么看的啊？"卓洛问妈妈对这件事的看法。

"在青春期，男生女生的关系好，很正常，同学之间走得近也不一定是在恋爱，也许只是好奇。"妈妈分析得很客观。

"那谈恋爱一定会影响成绩吗？"卓洛问得很直白。

"这个不一定，"爸爸接话了，"但一定会分心。像你们这个年纪的孩子，有时很难分清什么是真正的爱。如果一味沉溺其中，必然会分心，对学习肯定会有影响的。"

"哦，本来我挺疑惑的，听你们这么一分析，我有种豁然开朗的感觉，我感觉还是跟男同学正常交往比较好。"在交谈中卓洛做出了正确的选择。

这件事是陶京告诉我的。

"他们就跟朋友一样高谈阔论,那种感觉真神奇。卓洛很容易就接受了父母的意见,认同了父母的说法。"

"其实这种情况不难理解,父母跟孩子建立了心灵上的共鸣,会更容易沟通交流,听取彼此的意见。这就是建立共情的好处。"我很明白其中的缘由。

父母跟孩子相处得不愉快很大一部分原因是无法建立心灵上的沟通通道,所以总会出现问题。如果跟孩子建立好情感基础,彼此的相处会变得融洽很多。

父母要想跟孩子建立心灵上的共鸣,在平时要学会"求同存异",在理解宽容孩子的基础上进行沟通教育,这是一项很重要的基本原则。

有一次,我带着小松去游乐场玩,正好碰到了同事和她女儿,于是大家一起玩。

在坐海盗船的时候,人非常多,轮到我们的时候就留下了一个位置,小松和同事的女儿都想立即就坐。

"我先过来的,我先坐。"小松站到前面说。

"不行,我也要坐,我也早就过来了。"同事的女儿也不甘示弱。

两个孩子你一言,我一语地吵了起来。

"明明是小松先买的票,让他先坐。"同事过来劝她女儿,但女儿不听她的。

"小松,妈妈知道是你先买的票,也知道你想坐海盗船很久了,但她是女孩子,你就让她一下好吗?"我先肯定了小松的情绪,找到共同的情感基础,然后再发表自己的意见。

"妈妈,她怎么能不讲理啊,我很不服气。"小松还是有些不情愿。

我没生气,继续做小松的思想工作:"说实话如果换作是妈妈,我也很不情愿,但是我们要学会谦让他人对不对?所以让阿姨的女儿先坐好不好?"

后来小松同意了，也没有生我的气，这件事就算圆满解决了。

在教育孩子的时候，尤其是出现矛盾和分歧时，我都会用这种方式教育他们，往往结果都很好。

孩子虽然年纪小，但肯定也有自己的想法和思维方式，在教育他们的时候，要顺着孩子的思路，认可孩子的想法，这样父母的说服教育才更容易成功，才能跟孩子建立好心灵上的共鸣感。

跟孩子建立情感共鸣是建立信任关系的基础，如果没有情感上的理解和交融，亲子关系就容易变得生疏，甚至出现隔阂，真正的交流和陪伴都是心灵上的。

父母在与孩子相处时，要注意尊重孩子，多跟孩子交流沟通，不要以自我为中心，忽视孩子的心理感受，要学会在理解和宽容的基础上跟孩子和平友好地相处沟通。

我最喜欢爸爸
——和孩子一起"疯",不会丧失父母的权威

对孩子来说,最好的爱是陪伴。在成长过程中,他们需要父母陪着玩耍,一起"疯""闹"。这样孩子在父母面前才是自在的,才会更愿意依赖父母。

很多孩子都喜欢父母陪伴着玩耍,对孩子来说,没有父母陪伴的成长是不完美的,甚至是充满遗憾的。

我去亲戚家串门时,他家的女儿赵琳琳正在看电视,我故意逗她玩,问她:"琳琳,你最喜欢爸爸,还是妈妈啊?"

听了我的话,亲戚一家都竖起了耳朵,等着琳琳的回答。

琳琳想了半天,左看看,又看看,才慢吞吞地说:"爸爸妈妈都喜欢啊。"

听了孩子的回答,亲戚一家都高兴地笑了,直夸琳琳是个聪明的孩子。

等爸爸妈妈去厨房做饭了,琳琳悄悄走到我跟前,贴着我的耳朵说:"阿姨,其实我最喜欢的是我爸爸。"

"啊?"面对琳琳的回答我有些不解,"为什么呢?"

"我爸爸对我可好了,从小到大都陪着我玩,从来没有大人的样子。"琳琳说得非常认真,"小时候,爸爸跟我打过水仗、玩过泥巴、做过游戏,每次跟爸爸在一起我都感觉好开心啊。"

"那爸爸在你心中是最值得尊重的人吗?"我跟琳琳交谈着。

"当然是啊,反正我就是最喜欢爸爸,呵呵。"说完,琳琳又去看电

视了。

我的询问，并不只是简单的玩笑话，从琳琳的回答中不难看出，孩子是喜欢父母跟自己玩耍的。

有些父母怕自己跟孩子没大没小地玩会有损自己的威严，所以很少跟孩子好好玩。但从孩子的角度来说，他们不喜欢这么呆板的父母，而是喜欢跟他们一起玩笑着成长的大人。

父母跟孩子一起"疯"不会丧失自己的威严。有些父母认为，孩子对自己毕恭毕敬就是一种威严的表现。事实上并非如此，孩子发自内心地尊重、信任和认可，才是对父母威严的最大守护。

我记得小松小的时候，特别喜欢趴在地上玩，有时还拉着我一起玩。

平日只要我不忙，我都会满足孩子的愿望，在他们看来，父母是最好的玩伴。我和小松蹲在地板上玩玻璃弹珠时，小松非常高兴。每次我赢了之后，我会学着小松的样子高兴地说"太棒了"。

有一次，我们正玩得高兴，陶京回来了，他皱着眉看着我，显得有些不高兴。

我回房后，他跟我说："我真不知道该怎么说你，你这么大个人了，为什么像孩子一样蹲在地上玩，在孩子的眼里，你还有什么威信可言啊？"

我非常不赞同陶京的说法，于是跟他解释道："孩子在成长的过程中需要玩伴，父母应该给予孩子最好的陪伴，这跟丧失威信没什么必然联系。"

"我们是大人，如果你长期跟小松玩在一起，他怎么会尊重你？"陶京还是不服气，坚持自己的想法。

"孩子对父母言听计从并不是有权威的表现。"我希望陶京也能扮演好大人的角色，"孩子从心里对父母的认可和尊重才是父母有权威的表现。"

我现在还记得，小松上小学的第一篇作文就是写给我的，在文中他提到，我是他最尊敬、最信任的好妈妈。每次想到这个我就非常感动。

孩子听话，服从命令并不一定是在服从父母的权威。跟孩子一起玩，是拉近彼此距离的好机会，在这个过程中，孩子会更加尊重、认可父母，这才是真正的权威教育。

跟孩子一起"疯"，并不是要求父母毫无原则地跟孩子玩，而是在这个过程中保持一种良性的沟通，在玩耍中完成对孩子的教育，这才是与时俱进的教育方法。

跟孩子一起玩，我的邻居马丽就做得非常好。

虽然她平时工作很忙，但一有时间就会应孩子的要求全家出去玩。她儿子最喜欢踢足球，这也是他们一家经常玩的。

有一次，我们两家一块出去玩，在踢球的时候，大家的兴致非常高。马丽一家踢得比我们好多了，配合得非常好。

但是，马丽的儿子越来越想赢，慢慢变得不守规则，好几次撞人还违规，小松和小语非常不满意。

"算了，这只是玩而已。"我尽力安慰孩子们。

马丽看到儿子违规后，立刻停止了比赛，她严肃地说："儿子，妈妈喜欢陪着你一起玩，但什么事都是有规则的。你为了赢得比赛不仅违规还撞人，你这么做对吗？如果你一直这样，以后再也不会有人跟你玩了。"

虽然马丽的话说得很严厉，她儿子却平静地接受了，他说："妈妈，我记住了，以后再也不随意违规了，我会记住你的教育的。"

这场小风波过去之后，我们又开始踢球了，这场球赛让大家都非常兴奋。

"你教育孩子的方式很正确，我们大人是要陪着孩子一起玩闹，但也要扮演好教育者的角色，如此才能让孩子受益匪浅。"我和马丽一边收拾东西，一边探讨教育问题。

"你也是这么教育小语、小松的，我知道，呵呵。"

这真是一场很有意思的比赛。

在教育孩子时，父母要对权威有正确的认识。陪孩子玩闹，要讲究原则，让孩子懂得道理，不能只是玩，什么也不想。这么做才能在满足孩子玩耍欲的同时，不丧失父母的权威。

父母的陪伴能消除孩子在成长过程中的孤独感，同时促进亲子关系的和谐发展。跟孩子玩，是父母的职责所在，不要因为害怕丧失权威而拒绝孩子，这是错误的做法。

每个孩子都希望父母可以陪自己玩，拉近彼此的距离，像朋友一样没有负担地亲近相处。所以，父母要经常抽时间满足孩子的需求，成为可以陪他们一起嬉闹的好父母。

我也喜欢地理
——爱孩子所爱，找到和孩子共鸣的媒介

父母和孩子进行沟通交流，需要一个媒介平台，培养跟孩子的共同爱好，爱孩子所爱就是一个很好的方法。

爱孩子所爱才能找到共同话题，这是父母与孩子沟通的语言基础。谁都愿意跟有共同话题的人说话，孩子当然也不例外。

很多父母都反映，孩子越大与父母的共同话题就越少，为了能跟孩子一直保持良好的共情关系，我也会去尝试着了解和喜欢孩子的所爱。

我跟小语谈得最多的是阅读，因为这不仅是我最爱的事，也是她的兴趣所在。

之前，每次小语放学回来，我都会跟她聊天，但有些话题她明显不感兴趣，就会敷衍了事，有时脸上还会表现出淡淡的不耐烦。

后来，我知道她喜欢阅读，于是我会去了解她最近在读什么书，然后自己也会读。慢慢地，我们的话题就多了起来，尤其在谈论彼此都喜欢的故事情节时，话多得简直说不完。

"我刚开始看《苏菲的世界》时有些看不进去，但后来悬念越来越多，我的阅读欲望就越大。"小语最近在看这本书。

"我也是，"这本书我很久之前就看过了，"书的结局真的很出人意料，总体上来说，还算通俗易懂，不乏趣味性。"

"当我知道苏菲只是书里的人物时，真的非常震惊，太佩服作者的想象力了。"

很多时候，小语读了有意思的书都会跟我说，我们的交流沟通越来越顺畅，这都是因为共同的爱好让我们有了话题基础。

如果父母与孩子连共同语言都没有，那是无法顺利开启彼此都感兴趣的话题的，缺乏沟通交流，自然很难跟孩子产生共鸣，关系也很难融洽。

爱孩子所爱，不仅能找到共同话题，还能减少孩子对父母的戒备心理，从而愿意与父母沟通，听取父母的意见。

小松放学回来之后喜欢看足球赛，有时一不注意就看到了很晚，作业也不能按时完成。因为这件事，我们没少批评他，但他还是充耳不闻，我行我素。

于是我想，要想个很好的办法才能让小松心甘情愿地听话。

"小松，你在看足球赛……"我话还没说完，小松就不高兴地说："是啊，你是不是又要说让我不要看了，赶紧写作业去？"

"当然不是，"我果断否定，"妈妈听说你的地理成绩非常好，就想跟你学习学习，妈妈准备跟同事们出国旅游。"

小松喜欢地理，对它充满了兴趣，所以我才会这么说。

"妈妈，你也喜欢地理课吗？"小松明显有了兴趣。

"当然啊，"我说，"妈妈上学的时候就喜欢地理，但无奈没有你聪明，老学不好。"

小松关了电视就开始教我地理知识，我在一旁研究地理，他就在一旁学习，我遇到不太明白的地方就问他。就这样，小松也每天都能完成作业了。

"妈妈相信你，只要你每天好好学习，你的每科成绩都能像地理这样优秀。"这才是我真正想对小松说的话。

"真的吗？"小松找到了自信。

我给予了肯定的回答。

我通过这种方式，成功地让小松养成了及时完成作业的好习惯。

父母跟孩子有共同爱好，孩子会认为父母是理解自己的人，从而会更愿意听取父母的意见，更加信任父母。

如果父母可以找到跟孩子的共同爱好，那么根据这个媒介必然会与孩子形成心灵上的共鸣，让孩子把父母当作朋友来信任。

爱孩子所爱能消除彼此之间的代沟，从而找到共鸣，更融洽地相处。如果父母对孩子的所爱，一味地排斥或不解，必然会影响彼此之间的感情。

我小的时候，不是很喜欢跟爸爸沟通，尤其是上了初中之后，老感觉爸爸不理解自己，两个人之间有代沟。

在班上，很多同学也有这样的感觉，所以从心理上我对爸爸是排斥的，更别提会产生共鸣之情了。

但是没过多久，我对爸爸的看法就有了大大的改观。

有段时间，我经常跟同学们去看电影，有时候很晚才回家。时间长了，很多同学都因为家里的反对不去了，有的还因为不听话挨了打。

看电影之后，我忐忑地回到家里，我想，这么久以来爸爸一定在忍着怒气，说不定今天就爆发了。

果然，我一回家，爸爸就喊住了我，我在心里已经做好了跟爸爸"开战"的准备。

"你最近经常去看电影，作业写完了吗？"爸爸询问我。

"写完了，"我如实回答，"我在学校的时候就写完了。"

"那你明天去看电影的时候叫上我吧，我听说挺好玩的，我也想去。"

过了很久，我都不敢相信爸爸说的话是真的。在那个时候，很多人都认为看电影是在浪费时间，一点意思也没有。

跟爸爸看电影之后，我从心里开始敬佩他，没想到他也会像我一样喜欢上看电影。

"爸爸也喜欢看电影，现在的科技真是越来越发达，我都快跟不上时代了。"

以后我再也不在背地里叫爸爸"老古板"了，相反，遇到什么新鲜事我都会主动跟爸爸分享，因为我知道，爸爸跟我是没有代沟的，是可以好好沟通的。

很多时候，孩子都会因为父母接受不了自己的某些兴趣爱好而与父母生分，甚至感觉有代沟。如果父母可以爱孩子的兴趣爱好，这种代沟很自然就消失了，孩子会感觉跟父母是有共鸣的。

爱孩子所爱，与孩子建立共同的兴趣爱好，会让孩子有种"心有灵犀"的感觉，亲子之间的关系也肯定会越来越融洽，产生共情是迟早的事。

爱孩子所爱是培养共同话题的基础，是赢得孩子信任、消除代沟，让亲子关系和谐亲近的有力保证。总之，要想跟孩子产生情感共鸣，首先就要爱孩子所爱。

我也被惩罚过
——你说什么话，你怎么说，是共情的关键

通过语言跟孩子产生共情是最常见的方法。语言是门艺术，会说话的父母很容易打动孩子，如果不懂得说话方式，是很难与孩子产生共情的。所以，父母要学会用语言创造共情。

在跟孩子沟通之前，要先肯定孩子的情绪，这是继续沟通、产生共情的基础。如果一开始就忽略了孩子的感受，沟通就难以顺利进行了。

周明妈妈来我家找小松，问他愿不愿意跟周明一起去补习班，周明现在正在闹情绪，说什么也不去补习班。

"是不是发生什么事了啊？"我想孩子不会无缘无故就闹情绪的。

"昨天我说他了，没想到最后吵了起来，还不欢而散。"

原来，周明昨天放学之后，一回家就跟妈妈抱怨说："妈妈，这次英语考试我的成绩又倒退了好多，真不知道该怎么学习了。"

周明妈妈一听学习成绩倒退了，就有些着急，想好好教育周明，让他在以后的学习中多用功，她说："别人怎么能学会，就你学得差劲。"

妈妈的一句话就让周明生气了，他本来还想跟妈妈沟通一番的。

"你就知道肯定别人，好像是我故意不学习似的，我就是不喜欢英语，我就是不学习怎么了？真是莫名其妙。"

"你看看，你学不好英语还有理了，"妈妈也越说越生气，"我就不能说说你啊？你怎么就不能虚心接受呢？"

母子俩大吵了一架。

"其实你一开始不该那样说话的。"我认为是周明妈妈搞砸了交谈的气氛，"你要先肯定孩子的情绪，可以问问他之所以考不好是不是题目太难了，这样才能跟孩子共情，进行深入的交谈，找到正确的答案。"

沟通需要好的氛围，及时肯定孩子的感受就是一种好的认可，如果没有肯定，就很难跟孩子产生共情，同时还会引起孩子的不满和怨恨。

孩子在跟父母交谈时，父母还要懂得顺着孩子的话题继续，通过语言来表示自己跟孩子的心情是一样的，是完全可以理解孩子的心情的。

冬天的天气比较冷，小松成为早晨起床的困难户，有时还会迟到。

"妈妈，我今天迟到了。"放学一回来小松就跟我说。

"嗯，明天去早点就可以了。"我安慰小松说。

但小松的脸色还是不太好，他说："我又不是故意迟到的，老师居然罚我放学打扫卫生，这么晚了才让我回来，我恨死老师了。我明天还继续迟到，看他能把我怎么样。"

"你是不是认为老师太不给你面子了，而且还在心里骂老师？"

"对啊，我这就是这么想的，一直想着怎么跟老师作对，"小松疑惑地问，"可是妈妈，你是怎么知道我的感受的？"小松一下子就来了兴趣。

"妈妈小时候也迟到过，当时还被罚站了，所以很理解你的心情啊。"

听我这么一说，小松就跟找到同病相怜的朋友一样，说："妈妈，老师做得不对，太伤害我们的自尊了。"

"刚开始我也那么认为，但后来我想开了，我觉得老师的做法也能理解，他是为了我们好，为了让我们不再迟到。"这是我想表达的重点。

"那妈妈你后来是怎么解决的啊？"

"很简单啊，每天早起十分钟，就再也没迟到过，最后老师还表扬我进步了呢。"

跟我谈话之后，第二天小松就真的早起了，准时到了学校。

如果一开始我跟老师一样责备小松迟到，想必他心中的怨气会更多。所以，我顺着他的话，表达了跟他一样的心情，很快就产生了共鸣，他也愿意听我的教育了。

让孩子知道父母跟他的心情是一样，对他的感觉感同身受，相信立刻会拉近彼此之间的距离，并且在保证让话题顺利进行的同时，还能让孩子接受父母的意见。

父母要想跟孩子产生共情，在说话的时候要慎用否定句式，多肯定孩子，用委婉的语言交流，否则会让孩子产生厌烦的感觉。

平时生活中，我看过很多父母都喜欢对孩子说否定句，然后引起孩子的抵触。

有一次，我去邻居家里还东西的时候就看见了这样的一幕：

我进去的时候，邻居跟儿子正打算把几幅油画挂在墙上。

"爸爸，我来挂好吗？"儿子自告奋勇地说。

"好吧。"

虽然爸爸答应了，但还是在一旁不断发表自己的意见。

"儿子，不能放那里，放那边不好看。"

"不是跟你说了吗？风景画要放高点。"

"你怎么这么笨啊，差点摔下来。"

自从我进门，听到的都是否定句。

"我不挂了，你自己来吧，我跟你简直无法共事，也没有共同语言。"果然，儿子罢工了。

"你这孩子怎么回事啊？每次跟你说不了几句话就扭头走人，不懂事。"儿子出去了，邻居还在说教。

"其实这也不能怪你儿子，你一直在否定他，他肯定不会喜欢跟你在一起，也不愿意听你的话，没有人愿意听否定句，尤其是孩子。"

"真的……真的是我的错吗？"邻居有些如梦初醒的感觉，"怪不得儿子平时都说跟我无法沟通。"

"以后你要改改说话方式，多肯定孩子或者表达得委婉些，相信你肯定能跟孩子用心交流的。"父母的否定只会让孩子望而却步，根本无法建立共情。

否定是最糟糕的教育方式，没有孩子会愿意听父母的否定句式，所以，父母要想赢得孩子的喜爱，进行深入的沟通，就要学会多用肯定句，这也是共情的关键所在。

父母跟孩子交流的时候，要注意积极回应孩子的情绪，表示出理解和认同。就算意见相悖，也要在肯定的基础上进行批评教育，让孩子心甘情愿地接受。

无法用语言引起孩子共情的父母是很容易被孩子拒绝的。话不投机，不想多说话的状态，必然会影响亲子关系的和谐和孩子的发展，父母要多多重视。

他根本就不愿意
——你的表情，你的举动，你们的共鸣

不同的家庭，父母和孩子的相处方式也不一样，但可以肯定的是，有时对孩子来说，父母的肢体语言比其所说的话更有作用，更能带来安慰和鼓励。

跟孩子产生共情的方法有很多，除了语言，表情和动作这些肢体语言同样是不可或缺的，父母积极运用表情和动作也会让孩子心领神会。

小语经常跟我开玩笑，说我是她肚子里的蛔虫，好像什么都了解的样子，想法和行为也非常有默契，真是心有灵犀。

有一次，我去参加小语的学校举行的运动会，当时小语参加的项目是8000米长跑。在上场之前，她很有信心，高兴地说："妈妈，如果没有意外的话，我肯定会得第一名的，之前我的预赛成绩也是最好的。"

我满意地点了点头。

但是，意外发生了，我和小语都很沮丧。

她刚跑了2000米就开始肚子疼，速度也慢了下来，当时我就想要不就让她别跑了。

但小语跑过我身边的时候，依然没有要停下来的意思，她蹙着眉，咬着嘴唇继续慢慢地跑。

这时我似乎明白了小语的心思，胜负已经不重要了，但要坚持跑完全程，这才算是尽力了，这才是体育精神。

于是，我站在场外，高举拳头给她加油鼓劲儿，她再次跑过我身边的时候，我脸上的表情跟她一样坚毅，突然她就笑了一下，我想她一定是感受到了我给她的精神鼓励。

那次比赛，小语虽然没得奖，却得到了老师和同学的一致褒奖。

"妈妈，谢谢你。本来我也在犹豫要不要放弃，但看你用那么坚毅的眼神看着我，我就知道你肯定明白我想跑完全程的念头，所以就在心里给我加油鼓气。"

一个眼神、一个表情都能跟孩子建立起心灵上的共鸣，肢体所传达的信息，绝对不会比言语少，父母要学会积极运用。

很多时候，父母积极的表情和动作要跟孩子当时的处境和心情相一致，如此才能产生强烈的共鸣，它会比言语更有效。

我去接小松放学的时候，小松告诉我说："妈妈，今天我们班上的王莎莎犯错了，老师批评了她，她居然哭了。"

正说着，我看见了王莎莎的妈妈。

"莎莎，怎么了？"莎莎妈妈走上前，关切地问道。

"妈妈，你就别问了，我现在不想说。"显然莎莎还在难过。

莎莎妈妈不说话了，她摸了摸莎莎的头安慰她，然后用力抱住她，一起往前走。

走到半路的时候，莎莎不走了，她坐在路旁的椅子上什么也不说。

"妈妈，你说莎莎的妈妈会不会教训她，她们会不会吵起来？"小松有些担忧地说。

后来，我发现，小松的担忧完全是多余的。莎莎妈妈什么也没说，就静静地陪着莎莎坐着，等着她恢复情绪。

时间过去了很久，莎莎妈妈没有一点不耐烦，慢慢地、一下一下地拍着女儿的肩膀。

"小松，我们回去吧，莎莎她不会有事的。"

我很认同莎莎妈妈的做法，她虽然没有安慰女儿，但是她的言行举止无一不透露着体谅与关心，相信莎莎的情绪过一会儿就好了，同时肯定也会乐意跟莎莎妈妈沟通交流，说出心里的不愉快。

孩子的每种情绪都需要得到父母的回应或认同，父母恰到好处的表情和动作，都能带给孩子心灵上的认同感，从而喜欢跟父母相处交流。

孩子对父母的表情和动作是非常敏感的，因此，父母在跟孩子沟通时要注意表情和动作的真实性，否则是很难引起孩子真实共鸣的。

晚上快睡觉的时候，亲戚家的孩子李星敲开了我家的门，他一脸懊恼。

"星星，你怎么了？怎么这么不高兴？"我走上前去询问。

"我明天不能去海南旅游了，很生气！"

"不会啊，我记得今天下午你爸爸已经答应你了啊。"我有些不解。

下午的时候，李星跟爸爸一起来我家玩，李星的生日快到了，爸爸就问他要什么礼物。李星迫不及待地表示自己想去海南玩。

当时，李星的爸爸不是很同意，认为那里太远了。

后来，李星就有些生气了，爸爸只能点头同意，还说其实自己也很想去的。

"爸爸虽然答应了，但我可以感觉出来他根本就不想去那里。在家里他就冷着一张脸，对我也不像之前那么亲密了。"李星说得有理有据。

"会不会是你多心了？"我有些怀疑李星的判断。

"我又不是傻瓜，爸爸根本就不是真心想跟我去的，既然是这样，旅游还有什么意思？"

后来，我打电话询问了李星爸爸的真实意思，他的确是不想去，只是在努力假装愿意去。

对孩子来说，父母真实的表情和举动是很有说服力的，是很容易产生心灵交流的，所以父母要正确表达积极的表情和动作，否则肯定难以形成共鸣。

跟孩子进行沟通交流不是简单的说话聊天，表情和动作的交流也是非常有必要的，这些都会对孩子产生重要的影响，如果父母做得不好，就很难真的跟孩子亲近。

父母不仅要有充分利用肢体语言跟孩子交流的意识，还要掌握正确的方法，跟孩子当时的情绪保持一致性，同时要表达得真实，这样才能产生心灵共鸣。

为什么这样做
——孩子有他的认知角度，你了解吗

父母要想跟孩子产生情感上的共鸣，就必须学会站在孩子的角度来看待问题。父母不能只站在自己的立场上，以自己的观念来判断孩子，这是很不客观的。

父母要想找到孩子的认知角度，首先需要放低自己的位置。很多父母认为自己是成年人、是长辈，就喜欢指导和控制孩子，这样是无法理解孩子的世界的。

我的一个朋友是小学一年级的老师，我们在一起聊天的时候，她经常跟我探讨一些有价值的教育信息，对我的教育工作很有帮助。

她的女儿叫李珊，是她班上的学生。有一次，她给全班同学布置了一项家庭作业，让孩子们回家后画一幅画，内容是爸爸或妈妈的脸庞。

李珊从幼儿园就开始学画画了，朋友以为她肯定可以完成得很好。晚上的时候，李珊兴致勃勃地画爸爸的脸。

第二天来到学校，朋友开始检查大家画的画，很多孩子的角度都不同，很自然，画上的脸的形状也形态各异。

等看到李珊的画作时，朋友有些生气了，上面只有一条弯弯的弧线，她真搞不懂李珊究竟在想什么。

回到家，朋友批评了李珊，但李珊很不服气："那就是爸爸的脸，你为什么就是不相信呢？"

朋友一边责怪李珊，一边蹲下身来给她系鞋带，就在这个时候，朋友忽

然明白了，老公的个子比较高，李珊站在爸爸的脚下时，最先看到的肯定是他的下巴，所以画上才是一条弯弯的弧线。

朋友立刻就理解了李珊。

"那次事之后，我明白了一个道理，要想跟孩子产生共鸣，了解孩子的认知角度，父母就必须懂得放低自己的位置，不能高高在上地教育孩子。"朋友由衷地说。

不同的位置看到的东西也不一样，如果父母不肯放低位置，不能平等地对待孩子，那么也许会永远看不到孩子眼中别样的"风景"。

父母除了要放低自己的位置，还要避免固守己见，要学会接受孩子的意见，不要认为自己的想法全是正确的，孩子是无知的。

据我观察，生活中的很多父母都会用成年人的完美标准去要求孩子，甚至挑剔孩子。

我曾经接触过一位这样的妈妈，她对儿子几乎就没有满意的时候，总认为自己是对的。

男孩犯错是正常的事，但这位妈妈不这样认为。孩子犯错了不是指出错误，而是有些倚老卖老地责备。

"我跟你说过多少次了，小提琴不是这样拉的，你是不是不长心眼儿啊？"男孩喜欢拉比较欢快的曲子，但妈妈希望他能拉比较专业的、有些难度的曲子。

"妈妈，我只要练习就好了，你为什么老认为你是对的啊？我是个孩子，喜欢欢快的曲子有什么不对？"男孩认为妈妈根本就不了解他，根本就无法沟通。

后来这位妈妈来找我倾诉时，说不知道儿子为什么这么无知，总是喜欢跟她对着干。

"其实问题不在孩子身上，是你太固守己见，不给孩子表达思想的权利。"我告诉这位妈妈说，"孩子有他自己的想法，你要学会跟孩子求同存异，不能只站在自己的立场上看问题，你要及时了解孩子是怎么想的。"

后来，这位妈妈听了我的意见，每次与儿子意见相悖的时候都会询问："你为什么会这么想？有什么理由？"

这么简短的一句话，力量却很大，妈妈渐渐地可以理解孩子的认知角度了，不再用自己的完美标准去衡量和要求孩子，而是学会了用更和谐、更容易理解的方法来沟通。

在孩子面前固守己见可以说是很多父母的通病，如果不注意改正这种心理，是很难发现孩子的认知角度，理解孩子的想法和行为。

如果父母不能跟孩子产生共鸣，一时也无法理解孩子，这时不妨跟孩子换位思考一下，试想，如果自己是孩子，也会这么做、这么说吗？

有一次，陶京在外面跟别人闹矛盾了，一时不高兴，回来就冲小松发火，小松生气了，好几天都不愿意理陶京。

睡觉的时候，陶京跟我抱怨说："现在的孩子真是太不懂事了，我在气头上训了他两句，他居然开始记仇了。"

"这件事是你做得不妥，为什么要无缘无故跟孩子发脾气，孩子还小，心理上是很脆弱的。你不妨换位思考一下，如果你是小孩子，无缘无故地被大人训斥了，是不是很伤心？"

陶京沉默不语，想起了小时候自己被爸爸训斥的事。他穿好衣服，去小松的房间道歉了。

"儿子，是爸爸错了，爸爸不该训你，"陶京去给小松道歉说，"我小时候也有被爸爸无端训斥的时候，当时我也很伤心，所以现在爸爸很理解你的感受。"

"真的吗？"听了陶京的话，小松从床上爬起来，"那爷爷训你的时候你生气了吗？"

"嗯，也生气了，当时毕竟是小孩子，所以很'记仇'，不过过去就没事了。"

换位思考，让陶京和小松产生了心理上的共鸣，从而互相了解、互相宽容，小松立刻就不生气了，矛盾也化解了。

　　从那之后，陶京懂得了在教育孩子时换位思考的重要性。

　　换位思考是彼此理解宽容、找到共鸣的关键，很多时候，只要换个角度想问题，就会理解孩子的心情，同时得到孩子的认可。

　　站在孩子的角度上想问题，才能建立真正的相互信任的关系，才能平等地沟通。父母不会永远是对的，也不应该用上下级的关系去教育孩子，这样只会引起孩子的抵触和反感。

　　父母要学会放低自己的位置，不要固守己见，学会理解和接受，同时遇事懂得跟孩子换位思考，这样才能正确理解孩子的认知角度，跟孩子找到情感共鸣。

怎么打碎了

——不管孩子犯了什么错，都先假定孩子无辜

孩子犯错是再正常不过的事情，每个人都是在错误中积累经验成长起来的。不怕孩子犯错，关键要看父母怎么处理，无论什么时候，都不要轻易认定孩子是故意的。

孩子犯错后父母首先要保持冷静，假设孩子这么做是有原因的。这样才能用冷静的心态去处理事，才不会因为暴怒把事情搞砸。

我明白生活中有很多父母会认为孩子是故意犯错的，所以批评孩子的态度极度恶劣。

有一次，我从外面回来，在小区里看到了这样的一幕：

一个男孩骑着自行车玩，正玩得高兴时，一个小女孩走了过来，非要借男孩的自行车，男孩不同意，女孩就走上来抢。推搡之中，男孩一不小心就把女孩推倒了，女孩的腿流血了，蹲在地上哇哇大哭。

这时，男孩的妈妈走过来，看到这个场景后，赶紧把女孩拉起来，二话不说就开始责骂男孩："你怎么又闯祸了？你是嫌我每天事儿少是吧？现在马上跟我去道歉，真是个惹是生非的坏孩子。"

男孩也很委屈，说什么也不去，最后妈妈就打了他，男孩生气地跑远了，还扬言恨死妈妈，以后再也不理她了。

我走过去，跟男孩的妈妈一起把女孩送到了社区医院里。

"你为什么一上来就责骂孩子，也许他不是故意的啊？"男孩妈妈的做法欠妥当了。

"唉，一看孩子惹事了，我就忍不住想批评他，难道做错事还有理了不成？"妈妈却不以为然，认为孩子做错事就该受惩罚。

后来，我把事情的经过跟男孩妈妈说了，也表示男孩不是故意推倒女孩的。

听了我的话，男孩妈妈顿时懊恼不已。

"看到孩子做错事，父母不要着急给他们'定罪'，要先用宽容的态度相信孩子不是故意的，这样才能避免伤孩子的心，把矛盾扩大。"

如果父母首先在心里就给孩子"定罪"，之后在教育孩子时肯定会带着个人情绪和主观意愿，这样一来，孩子是很难服气的。

孩子犯了错，父母要给孩子自我辩解的机会，理解孩子，这样父母的教育才具有针对性，能让孩子服气。

有段时间小语得了胃病，在医院里待了好几天，医生叮嘱她，千万不要吃冷硬的食物，小语只能答应了。

"妈妈，这么热的天不让我吃冷饮，好难受啊。"小语还惦记着冰箱的冷饮。

"你都生病了，不许吃，等好了再说，知道吗？"我又特意叮嘱了小语一遍。

晚上，我又失眠了，翻来覆去睡不着，后来干脆开灯看书。开灯没多久，我就听见客厅里有什么东西被打碎了的声音。

一开门，我看见小语有些无措地站在冰箱旁边，脚下是摔碎的冰牛奶瓶。

看到这些，我真的非常生气，真想狠狠批评小语，但我还是冷静了下来。

"小语，你这是干什么，怎么把牛奶瓶打碎了？"

"妈妈，你别生气，我不是要自己喝牛奶，我是看你屋里的灯亮着，知道你失眠了，所以想给你热牛奶喝。"小语有些恐慌，害怕我不相信她。

听了小语的话我很感动，也很庆幸自己没有立刻责备她，而是给了她辩解的机会，否则就冤枉了她。

"谢谢你，真是个好孩子，赶紧回房吧，妈妈自己来。"

从心里肯定孩子是无辜的，及时给孩子辩解的机会，才能知道孩子的做事动机，理解孩子的行为。很多时候，父母了解孩子的动机后，都会理解孩子的心情。

如果孩子做错了事，父母可以跟孩子说知道他不是故意的，如此一来孩子会因为感动而主动认错、改错。

小松又闯祸了，他一直是个比较淘气的男孩子，让我感到很头疼。

"小松妈，你到楼下看看吧，小松跟别人打起来了。"

原来是因为郝伟挡住了小松的路，他就把人家推倒了。

回到家，我想了半天，决定跟小松好好谈一谈，让他彻底改改自己的性子，不能再继续犯错误了。

"小松，妈妈知道你不是故意的，你不是个坏孩子，以后不要再犯这种错误了。"我希望小松可以明白，他在我心中一直是个好孩子，这样一来，他心里肯定会内疚自责。

"妈妈，你为什么相信我不是故意的啊？"小松显得有些不好意思，小声反问我。

"因为妈妈一直认为你是个好孩子，你推倒了郝伟肯定不是有意的，对吧？"我继续说。

"对不起妈妈，我让你失望了，其实我是故意推倒郝伟的，他挡了路。"小松主动承认了错误。

"这么做就是你的不对了。难道汽车挡了你的路你也要动手？"小松认错之后，我继续给他讲大道理。

"嗯，我知道错了，以后会改正，做妈妈心目中的好孩子。"小松仰着头，信誓旦旦地保证。

"妈妈相信你！"我拍了拍小松的脑袋，表示肯定他的行为。

如果孩子可以从父母口中听到相信自己的话，他们会很感动，以后也不会再故意犯错，而是努力以父母心中的形象来约束自己的行为，改正错误，变得懂事。

孩子都是在犯错和改错中不断成长进步的，父母要多给孩子一些宽容，多理解孩子，相信他们不是故意犯错，而是有某些原因的。父母用这种心态面对孩子的错误，才是客观理性的。

及时给孩子辩解的机会，尝试理解孩子犯错的动机，从心里肯定他们的人格，认为他们不是故意为之，而是无心之失。如此，孩子会因为父母的宽容理解而更愿意改错。

我们好好谈谈吧
——设置"太空时间",忘记一切不愉快

父母跟孩子之间发生不愉快是情理之中的事,也是无法避免的,重要的是要及时化解不愉快。设置"太空时间"是忘记不愉快的理智做法。

亲子关系出现问题的时候,双方都会有负面情绪,如果不及时处理会形成更深的隔阂。所以,设置"太空时间"的目的就是让双方可以用温和的情绪来解决矛盾。

所有的父母都会跟孩子发生不愉快,这是毋庸置疑的事情。

小语是个比较听话的孩子,但有一次她居然逃课了。她喜欢的明星来这里开演唱会,她下午没上课就早早地去体育场门外等着了。

演唱会结束后,已经快晚上九点半了,老师的电话一个又一个地打来,谁也不知道她去哪里了。一家人都非常着急,找了她好久。

小语好不容易回来时,当我听说她去看演唱会了,就气不打一处来,于是狠狠训斥了她一番,话说得很重。

小语从没见过我这样,她也很生气,于是我们大吵了一顿,她还说以后再也不跟我说话了。后来,我们两个人就陷入了冷战,一个星期谁也没理谁。

那一次,我们都被负面情绪压抑了很久。

后来,我就想用设置"太空时间"的方法来跟小语进行一次深谈。

"'太空时间'有用吗?"陶京问我。

"'太空时间'就是为了预防大家都用负面情绪谈话,只有抛弃之前的

情绪，才能心平气和地交谈。这就是这个环境的重要作用。"

设置"太空时间"的主要目的就是营造一种和谐的氛围，让彼此用平和的心态交谈。

如果父母跟孩子出现了不愉快，又一时无法找到合适的沟通办法，不妨采用设置"太空时间"的方式来处理矛盾，营造一种平和的交谈氛围。

设置"太空时间"是很简单的事，父母跟孩子沟通好，约定具体的时间，然后进行控制情绪方式的交流，把之前的不愉快忘掉，重新建立良好的关系。

周末，我接到了朋友的"求救电话"，让我过去调节他跟儿子董宁的关系。

来到他家之后，我弄清楚了情况。

董宁在外面跟伙伴玩沙子，一直玩得很开心，突然刮起了大风，董宁扬着沙子玩，正好撒进了伙伴的眼里。

后来，董宁的伙伴就来朋友家里告状，说董宁是故意把沙子撒进他的眼里，然后朋友狠狠地批评了董宁，最后就产生了矛盾。朋友认为儿子不听话，儿子认为爸爸不明是非。

"现在你们的情绪都好点了，我们就建立'太空时间'，不要被之前的情绪左右，现在你们心平气和地谈谈，时间大约是一个小时。"我在旁边发挥自己的调节角色。

"一定要注意你们的情绪，不能带着怨气。"我又嘱咐了一遍。

"小宁，你把沙子撒到别人的眼里，你知道有多危险吗？万一伤害到小朋友的眼睛可怎么办？"朋友率先开口。

"不是那样的，"董宁尽力控制自己焦躁的脾气，"我不是故意的，我撒沙子玩，结果正好起风了，所以，所以才弄进他的眼里了。"

之后，他们父子两人又交谈了一会儿，尽量控制情绪，慢慢地，他们的矛盾解开了，心中的不满也没了。

"以后你们再有矛盾，就不需要叫我来了，按照这次的做法来进行就好了。"

设定"太空时间"就是控制情绪，用理性沟通的过程。方法很简单，找个好时间、好环境，提前约定好规则就可以进行了。事实证明，这是修补亲子关系很有效的方法。

在设置"太空时间"时有很多需要注意的事项，父母要按照规则行事才能确保交流的顺利进行。

有一次，一位妈妈满脸不高兴地来办公室找我。

"我觉得你上次说的设置'太空时间'的方法一点都不管用，我和儿子最后还是吵起来了。"这位妈妈一脸怒色地道。

"你们是怎么交谈的？"我想肯定是某些细节出了问题。

"我就随便找了个时间，开始跟孩子沟通，说着说着他又发脾气了。"

"那么在交谈的过程中，孩子快发脾气的时候你察觉到他的情绪变化了吗？"这些细节方面的规则是应该提前说好的。

"没有。"这位妈妈如实说道。

"在交谈的时候，你要挑一个大家的心情都比较稳定的时候。还有，你不仅要努力控制自己的情绪，还要时刻注意孩子的情绪。当孩子情绪快失控的时候，你要给孩子信号。实在不行，就立刻终止交谈。"这是设置"太空时间"时需要注意的基本事项，也很容易被忽略。

"反正我现在很沮丧，真不知道怎么办才好了。"显然这位妈妈还是很不满。

"设置'太空时间'有时第一次是难以成功的，如果没有达到预料的效果，你们可以约定来第二次，但一定不能轻易放弃，否则孩子就会认为你根本不在乎彼此之间的关系。"

只有把细节做好，多注意一些事项，才能保证交谈的顺利进行。

后来，这位妈妈又尝试了一下，最后果然成功了。

当设置"太空时间"不成功的时候，父母不要沮丧，要懂得通过细节来弥补。同时也不能心急，如果第一次交谈没成功，就应该开始积极准备下一次。

父母是孩子最信赖和重视的人，所以父母要积极主动地跟孩子约定"太空时间"，同时做好榜样，不能破坏其中的规则，否则孩子会很失望。

还有，父母有必要让孩子明白交谈的目的和规则，反复学习一下需要注意的事项，同时做好交谈失败的准备。父母不要轻易放弃修补关系的机会，否则孩子会认为父母不在乎自己，这是一种很深的伤害。

你怎么能打人
——孩子不听批评，说明你的批评没有共鸣

批评孩子也是一种艺术，父母的批评让孩子产生情感共鸣时，孩子会很容易改正；否则父母说得再有理，孩子也很难心平气和地接受。

孩子接受不了父母的批评，父母要及时反省。如果批评只是一味地指责和谩骂，无法让孩子产生共鸣，效果往往会很不理想。

一位年轻妈妈来找我做咨询，一进门她就坐在沙发上开始哭泣，她告诉我，她现在实在没法管教自己的女儿了。以前她的批评还能起作用，现在对女儿来说，就是耳边风。

女儿比较爱动，不像一般女孩那样文静。刚开始上小学的时候，老师一直对她关爱有加，但她越来越目无纪律，难以管教，后来老师实在没办法了，就给妈妈打电话。

之后，妈妈每天都会监督女儿学习，女儿学习多久，她就一直陪多久。慢慢地，女儿受不了这种管教，就开始逃学、不回家。

妈妈把女儿找回来的第一件事就是破口大骂，批评并指责女儿说："你到底是怎么回事，小小年纪就这么难管，以后要无法无天吗？现在老师不喜欢你，同学不喜欢你，甚至连我也开始讨厌你，我真不知道怎么会生出像你这样的女儿？"

妈妈的批评让女儿很伤心，在很长的一段时间里，她都非常消沉，开始按部就班地上学、放学。妈妈以为是自己的批评有效了。

令她没想到的是，有一天，女儿又开始了以前我行我素的生活，甚至更

加肆无忌惮，知道真相的妈妈差点就昏过去了，她不知道为什么女儿就这么难教育，这么难以接受父母的批评教育。

虽然女儿本身的问题很多，才形成了她乖张的性格，但妈妈的批评教育方式同样是非常错误的，每一句话都是指责，都是对孩子的伤害。不当的批评是让孩子变本加厉的导火索。如果妈妈能采取女儿可以接受的方法来进行批评教育，结果就不会是现在的样子了。

不存在没有问题的孩子，孩子不听批评是因为父母的方式不对，父母要保持理智，不能一生气就变得暴躁，用激烈的方式批评孩子。

让孩子产生共鸣，父母的批评他们就能听进心里了。批评孩子的目的是让孩子改正错误，不是为了伤害孩子，父母要有正确的认识。

家里的孩子在一起生活，生气争吵是在所难免的，小语和小松也不例外。

孩子们还比较小的时候，小语比小松的力气大，总喜欢用"武力"解决问题。记得有一次，我在厨房蒸馒头，突然听见小松大声地哭了起来，我赶紧走出去，问是怎么回事。

原来小语跟小松在洗袜子，小语不让小松用洗衣粉，小松去抢，结果被小语推倒了，洗衣粉也撒了一地。

"妈妈，你看姐姐，她又欺负我。"小松非常委屈，哭得很伤心。

我看了看小语没说话，把小松拉到一边，好好安慰他，等他情绪稳定了我开始教育小语。

小语看到我，满脸的抵触情绪，好像准备跟我大吵一架。

"小语，你今天是不是不开心啊，怎么又把弟弟弄哭了。"我说话的语气很轻缓，没有要责备她的意思。

"我不想让他洗，他根本就洗不干净，还把地板弄脏了。"小语说出了自己的理由。

"小语，妈妈承认你这样想也是有道理的，"我先肯定了小语对的一面,"但是谁也不是一开始就会洗衣服的,你小的时候也不会,对不对?"我想让小语明白自己是哪里做错了。

小语不再不服气,低头不语。

"你想,如果今天是你想洗衣服,结果妈妈不给你机会,还把你推倒了,你是不是也会难过生气?"

"对不起妈妈,我错了,我不该这么对小松,以后我不会了。"

就这样,通过产生共鸣的批评方式,小语认识到了错误。

孩子没有父母想的那样不听话,之所以批评不奏效,是没批评到孩子的心里去。如果批评让孩子有共鸣感,孩子会主动认错的。

很多父母会询问,怎样的批评会让孩子产生共鸣呢?其实只要遵循一条重要原则就好了,那就是批评要触动孩子最柔软的心弦。

有一次,一个朋友带着儿子丁浩来家里吃饭,丁浩非常淘气,在我家什么都玩,没一会儿就把家里弄得乱七八糟,最后甚至把一个花瓶给摔碎了。

这下朋友生气了,大声批评丁浩:"你这个孩子怎么能不听话呢?这里不是家里,你怎么这么无法无天?"

朋友话还没说完,丁浩就把手里的小勺子砸到了朋友的头上,朋友彻底生气了,上前要打丁浩,我赶紧把他拉开了。

"丁浩还小,要好好批评他,不能冲动。"我尽力安抚朋友的情绪。

父母都是爱孩子的,有时生气了也不忍真的责备,但又痛心疾首。

"那我该怎么批评他啊?"朋友冷静了下来,于是我教给他一个合适的方法。

朋友走到客厅,对丁浩说:"你刚才的力气真大,差点把我的头砸破了。"

"那……那你也打我吧。"丁浩还是不想示弱,不想接受爸爸的批评。

"唉,你有错是爸爸没教好,爸爸不是好榜样,再说了,我也舍不得打你啊。"朋友严肃地说,"你今天打的是爸爸,这没事,试想,如果是别人，你现在会怎么样？说不定被警察叔叔抓走了。还有，这是在别人家里，不是我们家，你怎么能乱玩呢？"

听了这些，丁浩说："爸爸，这个跟你没关系，不是你没教好，是我自己的问题。"

丁浩终于意识到了错误，接受了爸爸的批评，以后再也没犯过类似的错误。

批评的方法不同，效果也不一样。父母可以通过感情渲染触碰到孩子的心口，这样更容易打动孩子，让他们心甘情愿地认错，这是让孩子产生共鸣的好方法。

父母在批评孩子时，不要一上来就是指责谩骂，要想办法把话说到孩子的心里，产生情感共鸣，只有这样孩子才能心甘情愿地接受批评。

总之，能使孩子产生共鸣的批评才是正确的批评方式，一味地针锋相对只会激发孩子的抵触情绪，更无法理解父母的良苦用心。

这么做是有原因的
——开放自我，让孩子走进你的生活

在传统的教育观念中，父母是需要有威严的，是不需要向孩子开放自我的。现在看来，这种想法是错误的，父母主动对孩子敞开心扉，才能让孩子走近自己，才能成为孩子真心信赖的人。

亲子之间的沟通交流是个相互的过程，父母主动跟孩子分享自己的生活，是赢得孩子好感和信赖的方法，如此，孩子也会愿意主动跟父母亲近。

小语放学回家后，跟我分享了他们班上的"新闻"。

老师告诉大家，杜欣怡跟她妈妈的关系非常好，是大家相互学习的典范。

"妈妈，老师说除了你，杜欣怡的妈妈也是一位教育'达人'。"

小语的老师跟欣怡妈妈进行了深入的沟通："大家都知道欣怡跟妈妈的关系非常好，就像朋友一般，你是怎么做到的呢？"

"其实，我们只要把孩子当成平等的朋友，关系自然会好很多，"欣怡妈妈告诉老师，"亲子交流是相互的过程，我不仅会询问欣怡的事，也会主动向她敞开心扉，让她走入我的生活、我的内心世界，这样她才能更全面真实地了解我。"

"你平时会主动跟孩子交心？"老师有些不敢相信地说。

"是的，"欣怡妈妈温和地说，"之前欣怡非常喜欢跟其他同学攀比，我就告诉她我的工作具体是怎么样的，赚钱是多么辛苦，她就明白了为什么我平时总是让她节俭一些。现在，她喜欢跟人攀比的习惯已经改了很多。"

"你这样说我就可以理解了。"老师也赞同欣怡妈妈的做法，父母应该对孩子敞开心扉。

"亲子之间的相互了解可以避免很多矛盾，同时在沟通分享的过程中，还能建立深刻的信任关系，这点很重要。"

沟通从来都不是单向过程，如果父母无法向孩子开放自己、表达自己，孩子就会感到有阻碍，也很难主动跟父母交流，如此必然会影响亲子关系。

孩子不了解父母的生活和内心世界时，会产生疏离感，这种隔阂会让孩子不想与父母亲近交流，长此以往，必然会影响亲子关系。

小桃第一次来我的咨询室的时候，她不敢看我，只是坐在对面，低头不语。

"我听你妈妈说，你平时的作文成绩非常不错，为什么这次考试的时候没写作文呢？"我询问道。小桃妈妈跟我说，小桃跟父母的关系非常疏离，有时连句知心话也说不着。

"作文的题目是'我的爸爸'，可是我根本就不了解爸爸，爸爸从没跟我说过心里话。"小桃依然低着头，声音很小。

"你每天都跟爸妈生活在一起，为什么会感觉这么陌生？"

"我也不知道，好几次，我看爸爸回来不开心，于是就问他是不是发生什么事了，爸爸每次都说没事，大人的事小孩子不用管，叫我别问了。"从小桃的话中我明白了，她是渴望跟父母亲近沟通的，却被父母拒之门外，所以自己也不想跟父母分享了。

我安慰了小桃之后，就跟她的父母进行了沟通。

"你们跟小桃的关系生疏，其实有很大一部分原因是你们造成的。"这种案例我看过很多了，"孩子渴望了解父母的世界是很正常的行为，如果一味地拒绝孩子走进你们的生活，那孩子为什么还要接受你们呢？"

"我们也是为了孩子好，不想让她操心。"小桃爸爸说。

"但孩子不这么认为，他们会感觉自己是被排斥的。"

小桃父母思忖良久，终于认识到了错误，并决心改正。

父母向孩子敞开心扉，才能引起孩子的情感共鸣。一味地拒绝孩子靠近，会让孩子感觉到父母的排斥，不愿意与之建立亲密关系。

跟孩子分享生活和心事不是困难的事，也不一定非要说什么重要的秘密，可以跟孩子说说生活，表达一下心里的真实感受，这些都会让孩子感觉温暖，从而更信任、理解父母。

通常父母离婚对孩子的伤害会很大，所以朋友苏末离婚后，我很担心她的儿子会受到伤害。

一个晚上，苏末给我打电话，说儿子一直在追问她为什么要跟他爸爸离婚，情绪非常激动，她不知道该怎么回答。

"我该不该跟孩子讨论离婚的事啊，毕竟他还那么小。"苏末很担心。

"以后你要和儿子一起生活，这些是他应该知道的，你越回避，孩子就越难以释怀，"我希望苏末可以跟孩子说实话，"等你儿子的情绪冷静下来后，你带他出去走走，顺便把真实的想法跟孩子好好说说，他有权利知道的，不然他会更没有安全感。"

听了我的建议，第二天苏末带着儿子去咖啡厅休息，她抱歉地对儿子说："我跟你爸爸离婚，是我们商量好的，我们的性格不合适，价值观也产生了分歧，勉强在一起会很辛苦，希望你能理解妈妈。"

"妈妈，你说的这些是真的吗？"

"嗯，是的，妈妈对你感到很抱歉，但希望你理解妈妈，好不好？"苏末特别不希望伤害到儿子。

"我了解了，我会努力适应的，谢谢你可以跟我说心里话。"儿子的心情虽然还是很低落，但明显平静了很多，不再歇斯底里地追问苏末。

孩子并非没有思维能力，父母不要事事都选择回避孩子，要学会跟孩子表达真实感受，说说自己的生活和心事，这才是平等的相处方式。

父母在跟孩子相处的时候，不要总用大人的眼光去看待，去回避成人世界的生活和心事，要用平等的心态跟孩子相处，主动让孩子走进父母的世界，去深入地了解和沟通。

　　相互沟通是建立在平等关系上的，也只有如此才能建立真正的信任、依赖关系。如果父母不主动，甚至拒绝孩子的靠近，最后亲子关系必然会疏离，有隔阂。

我不跟妈妈玩
——共情要扮演好三种角色

对有些父母来说，跟孩子产生共情是件困难的事，这是因为父母对此没有正确的认识。父母要学会扮演导演、演员和群众的角色，这样才能做到共情。

要想跟孩子产生共情，父母要积极主动地去亲近孩子，拉近彼此的距离，做个"好演员"，这样孩子才会喜欢父母，接受父母。

一直以来我都认为要想走进孩子的心中，父母就要学会降低自己的心理年龄去体验孩子的感受和思维，如此才能真正地了解孩子。

小语小的时候有点胆怯，自己很想跟其他朋友玩，但又不敢主动去。有一次，我陪她去楼下的公园里玩滑梯，正好碰到了小区里的其他朋友，大家就一起玩。

但是，没过一会儿，他们就不喜欢跟小语玩了，都跑走了，小语立刻就哭了起来。

"怎么了？"我不解地走过去，"为什么哭啊？他们走了正好你可以一个人玩了啊。"

"我不，我不要一个人玩，我也想跟大家一起玩。"小语哭得更厉害了。

"你别哭了，妈妈跟你玩好不好？"我想只要有人陪她玩就好了。

"我不，我不要跟妈妈玩。"

听到这里我有些生气，明明想跟别人玩，为什么我的陪伴就不可以？

看着大哭的小语，我冷静下来，站在她的角度上想了想。小时候，自己也喜欢跟同龄人玩，那样才没有顾忌，玩得痛快，那时，我的确也是不太想跟父母玩的。因为父母无法扮演孩子理想中的玩伴角色。

想到这里，我懂得了小语，于是说："小语，现在你把妈妈当作你的好朋友就好，我不会像平时那样要求你，我们就是一块玩的好伙伴。"

之后，我像孩子一样跟小语玩了起来，渐渐地，小语不再吵着非要跟朋友玩了，我们一起玩得很开心。

在教育孩子时，父母要学会转换角色，进入孩子的世界，这样才能真切感受到孩子的感受，扮演好"观众"角色。

孩子的感受需要父母的回应和认同，所以父母还要扮演好"观众"的角色，及时回应孩子的情绪和感受，这是与孩子共情不可忽略的因素。

有一次，陶京的同事陶凯来家里做客，酒过三巡之后，他开始闲话家常，他跟我们说，妻子跟儿子的关系非常冷漠，每次妻子问起儿子学校里的事，儿子都会不耐烦地来一句："不想跟你说，说了你也不懂，还会胡乱发表意见，甚至责怪我，我才不要说。"

"那之前他们是不是发生过什么不愉快的事？是不是你的妻子缺少对孩子的认同呢？"

陶凯想了想说起了一件事。

妻子给儿子买了一个高档的音乐播放机做生日礼物，儿子非常高兴。但是后来被高年级的学生抢走了，过了十几天儿子也不敢跟妈妈说。

"儿子，我送你的随声听呢？是不是丢了？"有一天妈妈发现儿子的随声听不见了。

"没……没有啊。"儿子有些支吾。

"说实话。"

在妈妈的追问下，儿子只能说了实话。

"你说你这孩子怎么这么没用啊？连自己的东西也看不住，我真是白养你了。"妈妈气急了，有些口不择言。

"妈妈，他们比我大，我要是不给，他们就会欺负我，我也害怕啊，所以我暂时先给他们了。"儿子年纪小，遇到这样的事，也不知道该如何处理。

妈妈让儿子在屋里罚站了一小时。

之后，儿子对妈妈的态度就全变了，什么事也不跟她说。

"其实是你妻子处理得不好，孩子的爱物被抢走，他也很难过，也需要人安慰。"我确实认为妻子的做法不妥当，"在那种情况下，一定要先安慰孩子，扮演好'观众'的角色，然后再想办法解决，而不是不顾孩子的感受，直接批评责骂。"

在孩子需要的时候，妈妈要倾听孩子的心声，回应孩子的感情，及时给予孩子理解和尊重，这才是孩子需要的合格"观众"。

父母的循循善诱，是跟孩子建立心灵共鸣的重要方法。父母要扮演好"导演"的角色，让孩子心甘情愿地接受父母的意见，跟父母产生共情。

周末，我带着小松去好朋友家做客，她家里有很多高档玩具，来她家玩的孩子可多了。到她家没多久，小松就跟其孩子玩在一起了。

快到吃午饭的时候，矛盾发生了，小松跟其中的一个男孩为了一个遥控赛车吵了起来，还想动手。

"你们的占有欲都太强了，大家一起玩不行吗？"男孩的妈妈赶紧出来劝说。

"就一个遥控，怎么一起玩啊？"男孩生气地说。

小松也很生气，双手拿着遥控就是不撒手。

"你们都喜欢这个遥控车是吗？"我试探着问小松。

"对啊，我很喜欢。"

"那你把它给了别人，心里肯定很难过。"我继续用自己的方式一步步地引导小松思考。

"嗯，是的妈妈。"小松很高兴我能理解他。

"那你要是拿了,他拿不到会不会同样很不高兴?"我指了指在一旁的小男孩。

"嗯,这个……应该是吧。"

听了我的话,小松他们也不说话了。

"所以,为了公平起见,你们一人玩半个小时,然后轮流交换好不好?"在进行了反问式的沟通之后,我及时提出了合理的建议。

听了我的话,两个人想了想都同意了。

"你真有办法,不动声色地运用了一些沟通技巧,孩子们就和解了。"男孩的妈妈笑呵呵地跟我说。

"呵呵,我们要学会扮演'导演'角色,才能让孩子听话啊。"我开玩笑地说。

父母要学会当"导演",通过合适的沟通方式,让孩子心甘情愿地接受父母的意见,接受父母的指导,如此才有利于亲子关系的融洽和谐。

父母跟孩子无法交流且关系紧张时,不要着急自责或责怪孩子,而要从跟孩子的相处方式中找原因,找好自己的角色和定位,才能与孩子相处得游刃有余。

父母在跟孩子沟通时,要同时扮演好"演员""观众"和"导演"的角色,只有如此才能真正地跟孩子产生共情。父母做得越好,跟孩子的关系也越亲密。

第六章 好关系能消弭孩子的任何问题

我就是要当歌手

——为什么你这么努力，亲子关系还出现问题？

有些父母在意识到亲子关系和谐的重要性之后，都努力跟孩子培养良好的关系，但有时还是不得要领，结果没有明显的变化。这是因为父母没有找到正确的方法。

亲子关系紧张最大的一个原因是父母喜欢进行"独裁"统治，常常以过来人的身份教育孩子，让孩子喘不过气，然后开始与父母"开战"。

我们楼下邻居的孩子张飞最近与父母展开了一场"家庭战争"，弄得家里鸡犬不宁。原因就是张飞想要当歌唱明星。

从小学开始，张飞就是班里的文艺骨干，歌唱得非常好听，舞蹈也不错，很多同学都说他是"天生的歌者"，张飞听了很高兴。

快上初三了，父母希望张飞收心，好好学习，不要成天做白日梦，当歌星是非常不现实的。

"你们都不理解我，为什么我不能继续唱歌啊？"张飞冲着爸爸咆哮道。

"你现在还小，应该以学习为重，你看看你的成绩，只是中游而已，马上要上初三了，你怎么一点也不着急。"妈妈也恨铁不成钢地教育张飞，还把他的CD和音乐播放器都收走了，这让张飞更生气了。

"你们凭什么干涉我的人生啊？"张飞的声音越来越大，"问都不问就替我做主，你们是我的父母就可以完全不尊重我吗？从小到大你们都是这样，什么都替我做主。这次我是铁了心地要当歌手，就是不学习了。"

听了张飞的话，爸爸妈妈真是伤心透了，这么多年他们全心为儿子付出，却还是这样不被理解，关系弄得如此剑拔弩张。

相信绝大多数的父母出发点都是为了孩子好，但有时自己的苦心得不到孩子的理解也是很正常的事。父母太过武断独裁，会让孩子心生反感，甚至故意与父母为敌。

父母的沟通能力欠缺也是导致亲子关系紧张的重要原因，沟通是亲子关系和谐的基础。如果父母不懂沟通技巧、正确表达，孩子是很难感受到父母的良苦用心的。

我在做调查的时候，很多父母都说："我很注意跟孩子沟通，但关系还是不太好。"出现这种结果的原因就是父母做的是无效沟通。

陶京曾经在教育小松的时候也犯过类似的错误。

小松在学校犯了错，陶京压着火气跟小松沟通说："你为什么要跟同学打架，你都多大了？"

"我没有想打架，是他先欺负我的。"小松也很不服气地回道。

"你犯错还有理了，我好言好语跟你沟通，你还得寸进尺啊？"说了没几句话，陶京就不耐烦了。

"你这是跟我沟通吗？你这就是批判。"小松也很生气。我赶紧把陶京拉开了。

"你怎么能这样跟孩子说呢？太不注意方法了。"

陶京回屋之后，我开始跟小松谈："孩子，妈妈不想责备你，你能告诉我究竟发生什么事了吗？"

事情的经过其实很简单，班里转来了一个叫李立的男同学，力气特别大，但在跟小松比手力的时候居然输给了小松，李立恼羞成怒，就动手了，小松也没示弱。

"这件事是李立不对，你有没有跟老师说事情的经过？"

"说了，"小松很沮丧地说，"但老师说，无论如何我也不该跟李立扭打起来。"

"那你觉得老师说得对吗？"

小松不说话。

"妈妈觉得老师是对的，李立出手是他不对，但你跟他打架那岂不是跟他一样了，对吗？"我说得很慢，一直在照顾小松的情绪。

"你是男子汉，受点委屈不要紧，今晚妈妈给你做好吃的。"看小松没说话我就知道他心里是赞成老师的说法的。所以在沟通之后，我要及时安慰小松低落的情绪，让这次沟通顺利结束。

沟通是讲究方法的，是需要父母不断琢磨的。同一个意思，不同的表达，也会影响孩子的接受能力，决定沟通是否有效。

亲子关系出现问题的另一个原因通常是因为父母对孩子的关心不够，从而导致了亲子关系的淡漠。缺乏心理关爱的孩子，是最容易与父母产生隔阂的。

同事张军是个不苟言笑的人，平时很少教育女儿，只知道在外赚钱，然后回来交给妻子，跟女儿沟通的机会非常少。

张军的妻子没什么文化，在教育女儿的时候一直对她很好，不让她为物质条件担心，几乎也不跟女儿谈心。

在他们的眼里，女儿一直是听话的孩子，平时话不多，很乖巧。令他们没想到的是，中考的那一天，女儿却留信出走了。

女儿说，实在是不想在这么冰冷的家里待着了，这种没有关爱、没有情感交流的环境让她感到压抑、窒息。

张军的妻子拿着女儿的信来找我哭诉："我女儿这是怎么了？我们哪里对她不好了？"她也很伤心。

"你们平时跟女儿的交流太少了，她感觉不到你们的爱和你们的关心，所以才想逃离。"我也很担心。

"可我们一直都在为了这个家、为了她努力啊。"张军妻子声泪俱下地说。

"但这些你有让女儿感受到吗？你有表达过吗？"关心不够，才会导致亲子之间情感淡漠。

很多父母为了孩子在不停地努力奋斗，但不论平时再怎么忙，都不要疏于表达对孩子的关心，都要及时跟孩子进行情感上的交流，不要让孩子感受不到温情。否则，父母再多的努力，也无法让孩子得到安慰。

没有父母不喜欢跟孩子建立良好的情感关系，有这种意识是好事，但还要注意讲究正确的方法，避免走入误区，否则，再多的努力孩子也不会领情。

建立和谐的亲子关系是一家人的事，所以父母要懂得考虑孩子的感受，不能独裁，避免进行无效的沟通，同时还要让孩子感受到父母的心意，如此才能打好建立亲子关系的基础。

再看电视就揍你
——不要打孩子，好关系也会被打没了

打骂教育是生活中常见的传统教育，很多父母依然在故步自封，但最后会发现，打孩子是最错误的家庭教育方式，通常不但于事无补还会起到反作用，得不偿失。

父母打孩子是一种不成熟的表现，通常被打的孩子会对父母心生怨言，不再与父母亲近。长此以往，必然会影响亲子之间的友好关系。

王茹是我朋友家的女儿，每次来我家的时候，她都会跟小语说"好羡慕你有'温柔的妈妈'"。

王茹所说的"温柔"不是我的性格，而是不粗暴，不动手打孩子。

小语做错事了，她会主动跟我认错，我便告诉她下不为例，然后原谅了她。这时在我家玩的王茹忍不住开口了："阿姨，你真好，要是我做错了事，妈妈一定会狠狠揍我的。"

王茹告诉我，她跟妈妈的关系非常紧张，甚至有些讨厌妈妈，因为在她眼里妈妈就是个"暴力狂"。

有一次，王茹睡觉的时候忘了关客厅的灯，第二天妈妈发现了，立刻暴跳如雷地冲过来狠狠揍了王茹，当时王茹都蒙了，站在原地不知道如何是好。

"妈妈，我不就是忘了关灯吗？为什么要揍我，我又不是故意的。"王茹非常委屈，妈妈在她心里的高大形象一下子就没了。

王茹不止一次挨揍，很多时候，经常因为一些小事妈妈就会动手，慢慢

地，挨揍就成了家常便饭。

"我好讨厌妈妈，我为什么会有这样的妈妈？"王茹在向我倾诉的时候，越说越委屈。

"你应该跟妈妈好好沟通一下，让她知道你挨打后的真实感受。"我听了也很难过。

"我妈妈不会听的，说不定还会打我。"显然王茹是非常害怕妈妈的。母女俩的关系闹到这种地步，真是一件让人悲伤的事。

父母是孩子最信任的人，孩子对父母有很浓厚的感情，如果父母不注意自己的行为，经常打骂孩子，这种亲密的关系会遭到严重的破坏，甚至引起怨恨。这是最不应该使用的教育方式。

对孩子使用暴力，孩子的心理会受到伤害，严重的话会患上心理疾病，影响孩子的成长和发育。这种伤害往往会伴随孩子的一生。

张玥是个有"暴力"倾向的孩子，她妈妈带她来做咨询的时候，她在还不断地跟妈妈发脾气。

"我不去，我就是不去。"母女两人一路推推搡搡地走了进来。

后来，我让张玥妈妈先出去，自己跟张玥进行了一番深入交谈。

"据我所知，你妈妈没打过你，你为什么打妈妈啊？"张玥妈妈说，张玥平时动不动就掐她，或者用拳头打她，有时甚至连理由都没有。

张玥对我很反感，不愿意开口说话。为了转移她的注意力，我说了些其他话题，她才慢慢开口。

张玥小时候的成绩不好，爸爸是个粗人，动不动就打她，或者体罚。每次考试，几乎都成了张玥的噩梦，只要考试没考好，肯定会被爸爸揍。

"你爸爸是从什么时候开始打你的？现在还打你吗？"孩子的心理疾病都是有原因的。

"从小学一年级的时候开始的，现在已经不打我了。"张玥说得很沮丧，我想她还是很难过的。

"爸爸打你是他的错，但你不应该对妈妈动手，这样你不是跟爸爸一样了吗？"张玥不是不讲理的孩子，只是因为心理受到了伤害，才做出了伤害妈妈的行为。

之后，我专门跟张玥的妈妈和爸爸进行了深入沟通，让他们配合治疗张玥的心理问题，以后在家里，绝不能出现打孩子的现象了。

父母打孩子会让他们恐惧、缺乏安全感、缺乏自信、自尊心受到伤害。打骂教育使孩子患上心理疾病的概率是非常高的，所以，父母一定要慎重教育，不能因为一时失控，而造成严重的后果。

父母对孩子使用暴力，是不能从根本上解决问题的。也许，孩子会一时屈服，但这并不意味着他们认错了，等到孩子有了反抗能力，他们的抵触心理和行为都会变强，到时候将更难以管教。

亲戚家的孩子孟良是个"电视迷"，上学回来的第一件事就是打开电视，一直看到很晚才罢休。

爸爸说过他几次，但孟良无动于衷，于是爸爸就动手打了他，还说，要是他再长时间地看电视就下手更重。

孟良恨恨地看着爸爸什么也不说，之后，孟良虽然减少了看电视的时间，但跟爸爸的沟通也变少了。有时爸爸主动讨好地跟他说话，他也装作没听见。

孟良表面上改了不少，但只要爸爸不在家，他还是会偷偷看电视，不写作业。当然，也有好几次都被爸爸发现了，爸爸二话不说就揍他，认为他屡教不改，真是太不听话了。

从那时候起，孟良与爸爸的冲突变得更加严重，孟良开始不服爸爸的管教，爸爸越说不可以的事，他越偏要做，故意跟爸爸作对。

随着孟良不断长大，他的反抗能力也增强了，在家里不能看电视，他就偷偷拿了爸爸的钱去网吧玩游戏，最后发展到迟到、旷课的地步。孟良成了出名的"坏小子"，谁也管不住他。

孟良的行为固然有错，但他爸爸的不当管教也是不应该的。只用暴力来解决问题，是很难奏效的。

现在依然有很多父母习惯用暴力管教孩子，认为只有这样才能让孩子长记性。但是，他们忽略了使用暴力的严重后果，没有客观认识到暴力对孩子的危害。这样就埋下了很多隐患问题，孩子一旦爆发，就更加难以管教了。

父母打骂孩子最严重的后果就是造成亲子间的隔阂，孩子挨打之后，不仅受到了皮肉之苦，最重要的是心灵受到了严重的伤害，心中难免会对父母产生埋怨和怨恨。

经常受到父母打骂的孩子，还容易出现各种心理问题，容易变得极端、没有安全感，甚至不再相信别人，造成严重的性格缺陷。

别说了，休息吧
——孩子不是物品，你怎能如此冷漠

父母对孩子的漠视，比打骂的害处还大，这是一种感情上的冷暴力，虽然没有伤害孩子的身体，却给他们的心灵造成了严重的创伤，产生心理上的隔膜。

父母在跟孩子交流时，要注意自己的态度，做温暖的父母。不能经常板着脸用冷淡的表情跟孩子说话，这是一种冷暴力。

有时孩子没达到父母的要求，有些父母就会选择漠视孩子，态度非常冷淡，这是很不恰当的做法。

我在做调查的时候，曾采访过一个爸爸，他跟我说了一些教育孩子的方法。我听了之后，当时就反驳了他的观点。

他说，平时生活中，如果儿子不能令他满意，他都会选择漠视孩子，甚至都不会正眼看孩子。

有一次，儿子考试没考好，他就很生气，大骂儿子是笨蛋，那么简单的题也能做成那样。

后来为了让儿子长记性，他一个礼拜都不跟儿子说话。儿子觉得自己对不起爸爸，就主动说话问好，但他就跟没看见一样，冷冷地走开了。这样儿子的心里肯定不好受。

只要漠视孩子，他就会感觉到大人对他的不满，才能在心里长记性，这就是这位爸爸的教育观念。

"你只关注这些，那你有没有发现你的儿子越来越不开心，跟你说的话

也变少了？"虽然我没见过他儿子，但也不难得出这样的结论。

果然，被我这样反问了一句，他什么也不说了。

父母板着脸，故意对孩子态度冷漠，孩子是可以感觉到的，他们会认为父母是对自己不满，从而害怕跟父母交流，自己也很难过。

对孩子不满意，就采取情感上的冷暴力，这不仅解决不了事情，反而会产生亲子之间的隔膜，给孩子造成心理创伤。所以，父母要注意自己的态度，不能对孩子冷眼相对。

孩子不是物品，不是满足他们的物质需求之后就万事大吉了。父母还要多关心孩子的情感需求，如此孩子才能感觉到被重视。

张毛毛是小语的同学，家里条件非常好，父母都是企业家，平时很忙，几乎很少在家。

在小语的班里，毛毛的吃穿用度都是最好的，好多人都羡慕毛毛的生活，她自己却不快乐。有次她来我家玩的时候还说，总感觉自己是孤零零的一个人，没有人爱她。听到这个话我顿时吓了一跳，小小年纪，怎么会有这样消极的想法呢？

"毛毛，你家里那么有钱，要什么都行，为什么还这么不快乐啊？"小语也觉得很奇怪，问道。

"我觉得爸爸妈妈对我可冷漠了，一点感情上的交流也没有，我觉得他们都不是真的关心我。"毛毛说得很委屈。

毛毛告诉我，她的父母很少会关心她，也很少跟她交流。平时说得最多的是她的学习好不好，钱够不够花。

"有一次，妈妈好不容易回来了，我就给她倒了杯水，想跟她好好聊聊，结果她接过水杯就让我回房睡觉，说她还要忙工作。"毛毛问我说，"阿姨，你说，他们是不是不爱我，不然怎么会对我这么冷漠？"

"爸爸妈妈是爱你的，"我安慰毛毛，"只是他们的方法不对，忽略了你的心理感受。"

毛毛妈妈出差回来后，我跟她聊了很多，希望她多关心孩子，不要从情感上漠视孩子。情感的缺失，是再多的钱、再多的物质享受也无法弥补的。

平时父母不能借口忙，就忽视了孩子的情感需求，这种心理上的漠视会造成孩子内心的伤口。如果孩子感受不到父母的重视，他们必然会感觉孤独，认为父母不爱他。

在孩子需要理解和认同的时候，父母要及时伸出援手，让孩子感受到鼓励和支持。如果父母不闻不问，甚至只有责备，就等于在用漠视摧残孩子。

在生活中我看到过很多这样的例子，很多父母都习惯性地对自己的孩子严厉苛刻，也习惯了不理解他们，而是按照自己的方式教育孩子，要求孩子。

小松的校友朱亮是个"小网迷"，据说，他几乎天天都泡在网上跟一些不认识的人聊天，要不就组团一起打游戏。

后来，实在没办法管教儿子的朱亮爸爸，来找我想办法。

我告诉他，我必须先跟朱亮好好谈谈，才能找到问题的根源。

朱亮来我家的时候，小松也在，两个人玩了一会儿。当朱亮渐渐消除陌生感之后，我从屋里走了出来，主动跟朱亮谈话。

慢慢地，话题转到了上网的问题上。朱亮告诉我，他上网聊天是因为心里孤独，得不到父母的认同和理解，只有在网上跟别人聊天的时候，他才能得到些许安慰。

有一次，朱亮在学校犯了错误，回到家他还没来得及解释，妈妈就说："你这孩子怎么这么多事啊？你能不能让我省点心啊？"

那次其实本来是朱亮受了委屈，被大家误会了，他想告诉妈妈，让妈妈替自己做主，结果妈妈漠视了他的想法，什么也不问就给他定了罪。

"我爸妈根本就不在意我，他们只是习惯性地按照他们认为对的方法来教育我。在爸妈那里，我从来都得不到理解和支持，自己的想法也总是被忽略。"

孩子年纪虽小，但也有自己的想法，也需要得到父母的理解和支持，尤其是受到委屈的时候。如果孩子一直得不到父母的理解和认同，就会认为父母是冷漠无情的，如此就无法建立和谐的亲子关系了。

父母对孩子的冷漠有很多表现方式，其中包括表情冷淡、对孩子冷言冷语，忽视孩子的精神和情感需求、漠视孩子的主观意愿，等等，这些都会给孩子带来伤害。

孩子不是没有感情的物品，所以父母平时要多关心孩子的想法，用心跟孩子沟通，就像平等的朋友一样，这样孩子才能真正感受到父母的爱和重视。

不做就不理你了
——不要让感情成为"敲诈"孩子的工具

生活中,父母利用感情"敲诈"孩子似乎已经是习惯性行为了,在这种影响之下,孩子慢慢也会学会跟父母讨价还价。这是一种漠视亲子关系的错误行为。

教育孩子听话的方式有很多,父母要明白利用感情"敲诈"的危害,这样才能避免在教育中犯类似的错误,让孩子伤心难过。

生活中,习惯感情"敲诈"的父母有很多,小语姑姑的同事张妍就是其中一个。

张妍在教育女儿苏美的时候就曾犯过类似的错误。有一次,放学后苏美没写作业就打开电视看偶像剧,张妍很生气,她冲着苏美喊:"还不去做作业,看什么电视啊?"

苏美不乐意地说:"我刚放学很累的,我看会儿电视怎么了?"

"我们给你交学费供你上学,你怎么就不知道用功学习呢?"张妍越说越气,"行,你自己看吧,我不搭理你了。"

说完,张妍就真的不跟苏美说话,直接回房去了。

苏美感觉到妈妈生气了,赶紧关了电视。其间,妈妈出来做饭时,一句话也不跟苏美说。苏美主动问妈妈什么时候开饭,张妍黑着一张脸就是不说话。

饭桌上张妍不发一言,收拾桌子时还是不说话。苏美为了引起妈妈的注意,做了很多事,但都没成功。

后来，苏美真的害怕了，她害怕妈妈会因此讨厌她，以后再也不爱她了。于是，她就变得非常听话，妈妈让做什么就做什么，为的就是让妈妈不要不理她。

张妍跟我说，苏美现在是听话的好孩子，但似乎太没主见了，什么都听大人的，有时还表现得很恐慌，很没有安全感。

"孩子之所以会这样，是因为你用感情吓唬她，她害怕失去你的爱，所以变得惶恐不安，不敢有自己的主见了。"感情"敲诈"会对孩子产生很大的伤害。

"我真不知道，这样教育孩子的危害居然这么大。"张妍如梦初醒般说。

有时父母为了让孩子听话，或受自己控制，会习惯性地用感情来威胁孩子，让孩子就范。但是，这种行为产生的危害是难以想象的，父母要有正确的认识，不要用错教育方法，以免最后适得其反。

父母平时要注意自己的言行举止，学会改善谈话方式，不做"敲诈"孩子感情的事，从小事做起，孩子才会听话，才能安心。

以前陶京经常不注意说话的方式，尤其是在教育小松的时候，就好像在做买卖一样。

"儿子，你要是不好好学习，成为优秀的孩子，我就不以你为傲了，懂吗？"

"你再这么贪玩我就不喜欢你了，真是太淘气了。"

"这次你的数学成绩倒退好多，我不奖励你了。"

这些话语和行为，曾经让小松很受伤。

"妈妈，我总感觉爸爸在威胁我的感情，我不喜欢这样。"

后来，我就让陶京学习我的教育方式，注意自己的言行举止。

"小松你不能这么懒惰，学习是你自己的事，不努力就是对自己不负责，知道了吗？"我这样教育小松，避免自己的感情成分，让孩子意识到学习是自己的事，要自己负责才行。

陶京说:"你说得还挺委婉的,要是我,我肯定会说'你不学习就比不上别人了'。"

陶京的话,一听就包含了太多的个人感情,让孩子听了会很不舒服。

还有一次,小松逃课了,我和陶京都很不高兴。

"小松,你知道自己犯错了吗?逃课的后果是什么?"我反问小松,想让他自己反省,明白他错在哪里,而不是夹杂大人的感情和想法。

这就是我和陶京教育方式的差别,尽量避免用自己的感情威胁孩子,凡事客观地说、理智地说才可以。

父母的言行会对孩子产生直接的影响,不要为了让孩子听话就不考虑教育方式。父母要记住,规范自己的言行,不能把感情当作"敲诈"孩子的工具。

父母在教育孩子时要直接对孩子好,不能加其他附加条件,否则孩子会认为父母不是真心对他好,而是为了达到某种目的。这种感情"敲诈",也会深深伤害孩子。

小语的同学李志敏来我家玩时,跟我大吐苦水,大体之意就是说她的父母根本不在意她,她决定以后也不再爱父母了。

"上次我听见爸妈在聊天,说一个朋友家的小孩非常有出息。我当时听了很不服气,就跟他们说:'我就算不优秀也是你们的孩子,难道你们会因为这样就不爱我了吗?'"志敏不悦地继续说,"结果爸妈回答说,'你要是好好学习我们肯定会爱你的,所以你要长出息'。"

我明白了志敏的话,她感觉自己的父母喜欢的是有出息的孩子,而不是真的爱她。

"其实你爸妈这么做,是希望你变得更优秀,他们是爱你的,不是你想的那样。"我尽力劝说志敏,不想让她变得极端。

志敏不相信我的话,使劲儿摇了摇头。

等志敏走了之后,我赶紧跟志敏妈妈通了电话,让她改改自己的教育方式。要直接表达对孩子的爱，不能添加任何的附加条件，这样会让孩子质疑父母对自己的感情，不利于亲子关系的加深，甚至还会出现裂痕。

父母要学会培养健康正常的亲子关系，不能靠感情"敲诈"来教育孩子，否则必然会产生负面影响，让孩子和父母都痛苦。

父母利用感情"敲诈"，往往容易让孩子就范，但也会伤害到孩子脆弱的心灵。如果长期这样，亲情也会变得淡漠了。

如果孩子感觉到，父母的爱是夹杂了其他条件的，他们慢慢地也就不会再重视亲情，甚至也会用同样的方法来对待父母，那时再想挽回感情就很难了。

出国是为了你好
——只要你愿意，你也可以懂得孩子的心

社会在不断发展，父母和孩子的成长环境不同，人生观、价值观也会出现差异，由此就产生了代沟。如果父母和孩子一直不能相互理解，相互妥协，代沟问题会日益严重。

要想解决代沟问题，父母就必须先弄清楚产生代沟的原因，要有解决代沟问题向孩子靠拢的意识。

之前，一位气势汹汹的爸爸来找我，他一坐下就迫不及待地开口说："你说现在的孩子怎么了？我费尽心机给他的未来铺路，结果却换来一句他恨我。"

这位爸爸是著名的企业家，家里很有背景，前段时间，他找了很多关系，花了很多钱才把儿子送到国外念书，儿子却打电话回来说："我恨死你了，永远也不想再见到你。"

"你说，现在谁不想出国念书见见世面啊？"这位爸爸感觉伤心极了，"我为他付出了很多的心血，就是想给他最好的，你说我这样做也不对吗？"

"出国留学只是你想的，你有没有问过儿子的意见，也许他从不认为出国留学是好事呢？"

"这怎么可能不是好事呢？我们周围的人都会认为这是好事。"面对我的反问，这位爸爸显然不能理解。

"也许在大人的眼里是好事，"我继续解释，"孩子却不一定，他们跟我们的生活环境不同，思想观念也有差异，如果思想上不注意相互靠拢，必然会产生代沟。"

社会在不断进步，环境也在变化，父母跟孩子产生代沟是很自然的事，父母一定要有正确的认识。

听了我的话，这位爸爸开始沉默，我想通过思考之后，他是可以理解父母与孩子之间的代沟问题的。

出现代沟是一种进步，也是亲子沟通的困扰。当与孩子意见相悖时，父母要想想代沟问题，如此才能更懂孩子的心。

如果父母不能及时解决代沟问题，用正确的方法跟孩子交流，代沟问题会变得更加严重，极度不利于亲子关系的和谐。

苏姚是我的小学同学，很多年没见面了，在茶馆偶遇的两个人心情都很好。在谈话中，苏姚说起了她的女儿周心怡。

"心怡现在越来越不听我的话了，而且还经常抱怨说我不懂她，我不明白为什么我们就不能和谐相处，"苏姚喝了口茶说，"也许真的是我老了，跟孩子有代沟了。"

"父母跟孩子有分歧是很正常的事，只要慢慢磨合，会找到好的相处之道的。"

苏姚说，心怡自从上了高中，电话费与日俱增，一个月比一个月多。有一次她交话费后，忍不住跟心怡说："你每天都在给谁打电话啊？这么多话费，以后少打电话。"

当然，面对苏姚的指责，心怡也很不服气，说："现在同学们都是用电话交流的，人家找我有事，我能不回啊？"

电话费就成了她们母女俩的导火索。苏姚很生气，很久没有理心怡。之后，各种摩擦不断发生，她们现在的关系势同水火，两个人在家都不怎么说话。

"我觉得你应该尝试去了解孩子的内心，不能只按照我们大人的思想去想孩子、要求孩子，这样代沟会越来越明显，矛盾也会变多。你要及时试着站在孩子的角度上想问题，通常会有不一样的感受。"分开之前，我又嘱咐了苏姚一句。父母要及时用积极正确的方式解决代沟，不能只站在自己的立场上看问题。

在教育孩子时，父母不仅要承认代沟的存在，还要重视并尽量减少代沟，如果父母一意孤行，只会让孩子越来越讨厌父母，抵触心理也会变强。

父母要想解决代沟问题，与孩子变得亲密无间，最先要学会的应该是如何跟孩子沟通，了解孩子的想法，这样才能调整教育方式，减少代沟问题。

"不怕跟孩子有代沟，最怕的是缺少沟通。"这是我之前的一个老师跟我说过的话。

他跟我说过他的儿子，是个很张扬、很叛逆的孩子，跟书香门第的家庭格调一点也不像。起初，老师也会觉得他"有辱门风"，天天教育他安分点，好好读书，做个有学问的人。

但他儿子对此嗤之以鼻，不当回事。有时被教育了，他也会气急地说道："爸爸，你是不是有强迫症啊，非要我也变成老古板？"

发生矛盾之后，老师想着要如何去补救。后来他意识到两代人肯定有不同的价值观，所以他决定跟儿子好好沟通，了解一些年轻人的心思。

"儿子，爸爸自认这么做是为了你好，你为什么不明白我的苦心呢？"

"爸爸，每个人的想法都不一样，我不想过和你一样的生活，成为儒雅的学者，我只想做个有梦想、有追求的年轻人，我想长大了自己开公司、当老板。所以，请您不要再随意约束我了。"

这是老师第一次倾听到儿子的真实想法。

晚上，老师睡不着，一直在想儿子的事情，过了很久他才理解了儿子的心情。在接触了一些其他男孩子后，他越来越明白，自己对儿子的教育太束缚了，毕竟人文、环境都在变化，孩子也有自己的认知和想法。

从那之后，老师经常跟儿子沟通，倾听儿子的想法，了解儿子的内心世界。在尊重儿子意愿的基础上，老师也会提出建议和要求，儿子也会乐意接受。儿子感觉，爸爸越来越了解自己，这种和谐交流的感觉真好。

父母只有尝试用平等的态度多跟孩子沟通，才能尽量避免代沟问题，减少不必要的矛盾和争吵，成为孩子的心灵知己。

孩子处在发育成长阶段时，身心不断成熟，再加上各种环境因素的影响，很容易跟父母产生分歧和代沟问题，造成亲子之间的沟通障碍。

为了更懂得孩子的心，父母不仅要意识到代沟问题，还要学会及时沟通，了解孩子的内心，同时用与时俱进的方法教育孩子，如此才能减少代沟问题，成为懂孩子的好父母。

现在就去买
——你越讨好，你和孩子之间的关系就越糟

维持和谐的亲子关系是必要的，但父母一定要用正确的方式，要有自己的教育原则。如果只是一味地靠取悦孩子来进行，最后亲子关系必然会分崩离析，甚至变得更糟糕。

一味讨好孩子的父母是可怜的，他们对亲子关系的维护没有正确认识，所以陷入了一种盲目的误区。往往到最后，会以失败而告终。

自从开设了咨询室后，我接待了很多父母和孩子，他们或多或少都有一些问题。其中，一味讨好孩子的父母就有很多。

"孩子是自己亲生的，我当然希望能和他保持最亲密的关系，所以会刻意讨好孩子，希望他开心。但长久以来，我觉得自己好累啊，而且孩子似乎也不领情，我们的关系并没有我想象中的那么好。"这是一位前来咨询的母亲的话。

"你认为只有讨好才能得到孩子的好感，才能维持亲子关系的和谐吗？"我轻声反问道。

"我自己觉得是的，但现在看来这似乎也不对。"这位妈妈的讨好没有奏效。

"你的理解是错误的，往往你越讨好孩子，你们的关系就会越不好，"我开导她，"孩子习惯了你的讨好，就不会珍惜，甚至会当作是理所当然的事，长此以往，你只能待在被动的位置上，受孩子的控制和影响。"

生活中，没有人会喜欢或珍视刻意讨好自己的人，孩子也不例外。

"你说的是，我现在就觉得好累啊，孩子一点也不理解我的苦心。"这种讨好，绝对是费力不讨好。

"所以，你要正确认识讨好行为，顺着孩子的意愿，满足他们合理的要求，尽全力对孩子好，但一定不能刻意讨好。只有认识到不妥之处，才能理解如何跟孩子保持亲密的关系。"这是我对这位妈妈的忠告。

跟孩子建立良好的关系是父母都希望的，但不能为了得到孩子的喜欢就刻意讨好，这种想法是非常不成熟的。

父母的刻意讨好实际上就是对孩子的溺爱，无条件地满足孩子的各种要求，做一切让孩子高兴的事。在这种教育环境下长大的孩子，只会任性、自私、变本加厉地无理取闹，根本体会不到父母的良苦用心。

有一次，一个朋友来家里说事，他离开的时候已经是晚上十一点多了。我刚送走他，还来不及关门，就看见楼上的小赵跑了下来，看起来还很着急。

"小赵，这么晚了你去哪里啊？"我随口问了一句。

"唉，还不是让我女儿给闹的，她现在非要吃奶糖，要是吃不到就不睡觉。"小赵顾不上和我多说就直接下楼去了。

小赵的女儿赵雪是个非常骄纵的"公主"，这些都是小赵一家人的讨好造成的。

赵雪是家里的独女，爷爷奶奶、爸爸妈妈成天就守着这么一个孩子。

"小雪，你长大了会不会对妈妈好啊？"赵雪妈妈经常这样逗女儿说。

"会啊，只要谁让我高兴，我长大了就对谁好。"赵雪这么一说可不得了，一家人对她的爱更是有增无减。

为了让赵雪高兴，小赵一家对她的要求几乎全部都答应，成天围着赵雪转。但是，赵雪越来越无理取闹，想要的东西、想做的事只要第一时间不能满足，她就开始不高兴，发脾气。

现在都这么晚了还要吃糖，小赵也得赶紧去买，讨好家里的"小公主"。有时候我在想，长此以往，小赵他们都会成为赵雪的"奴隶"，赵雪的任性会有增无减，未来也堪忧。

父母的一味讨好，会让孩子的心理变得扭曲，很多负面的心理阴影都会由此产生。他们不会理解父母的苦心，只会得寸进尺，不知满足地索取，不懂付出。

要想跟孩子建立健康友好的亲子关系，在跟孩子相处时就必须要有原则。用合理的方式教育和相处，不刻意讨好孩子，让孩子变得理智、讲理，这才是真正的前提条件。

我跟天下所有的父母一样，希望孩子能够开心成长，但对孩子的爱一定要有原则。

有段时间，小松的身体不是很好，医生建议平时多进行食补，有利于孩子身体的恢复。那些日子，为了让小松吃好饭，我对他简直是有求必应。但这种无意识的"讨好"让小松变得有些无理取闹。

"小松，晚上你想吃什么？"跟往常一样，我征求小松的意见。

"妈妈，我想吃炖牛肉。"

听了小松的建议，我就去厨房忙碌了。

过了一个多小时，当我把炖牛肉端上餐桌的时候，小松躺在沙发上，一点想要吃饭的意思也没有。

"妈妈，我又不想吃那个了，我想吃蔬菜沙拉和水煮鱼。"小松用理所当然的眼神看着我说。

"小松，你觉得你的要求合理吗？"其实这几天我一直想找机会说说小松，"妈妈为了你的身体，为了让你高兴，每天都辛苦地变着花样做饭，你呢，你不尊重妈妈的劳动成果，还故意挑三拣四，妈妈对你很失望。"

小松看我忽然变得严肃起来，立刻警觉了，他支支吾吾地说："妈妈，我……我不是那个意思，我以为你会一直迁就我、让我高兴的。"

"妈妈当然希望你高兴，但是不能毫无原则，那样做是害了你。等你有天长大了，肯定会埋怨妈妈的。"

那次教训小松之后，他又变回了原来的样子，不再一味地以自我为中心，也不再无原则地进行索求。

父母的爱要有原则、有尺度，才能更好地约束孩子。如果总是讨好，孩子必然会得寸进尺，索求无度。

父母一味地迁就顺从孩子，是一种讨好行为，只会让孩子变得更加以自我为中心，要求也会越来越不合理。如此，不仅不能让孩子对父母心生感激，反而会激化矛盾。

所以，父母不要过分刻意讨好孩子，对孩子的爱要有原则，满足其合理的要求，不能让孩子索取无度。因为，父母越讨好，孩子会越糟糕。

你是我的朋友
——你和孩子关系好，孩子的问题也会少

亲子关系是种神秘又微妙的存在，它会在潜移默化中影响孩子的成长。亲子关系好，孩子也会少出问题，反之，必然会存在很多隐患问题。

对孩子来说，亲子关系比教育更重要，孩子出现各种问题，通常都是亲子关系不和谐造成的影响。

为了做好我的工作，我经常向小语和小松询问他们班上的事，及时了解青春期孩子的成长和发育。

有一次，小语告诉我，她班上的刘欢出现了厌学情绪，一直扬言她不想上学了。

小语告诉我，刘欢的父母都是明事理的人，平时对刘欢要求严格，在家里什么事也不让她干，只要顾好学习就好了。

刘欢喜欢看电视，希望学习完了可以看一会儿电视，但父母不同意，认为那是玩物丧志的表现。之后，刘欢对父母越来越反感，感觉他们都是独裁父母。她越想越感觉自己受到了束缚，很可怜，于是就开始跟父母闹，不想上学了。

"大多数的孩子出现问题，都跟亲子关系的不和谐有很大的联系，"我继续跟小语讨论，"人都是感性的动物，孩子更是，如果父母不能维持良好的亲子关系，必然会教育出问题孩子。"

"刘欢的父母都很明事理，怎么会教育不好孩子呢？他们对刘欢的管教是不是太严格了？"小语也有些迷惑，不知道这个问题到底是由谁引起的。

"表面上看是刘欢要辍学，但根本原因是因为亲子关系出现了问题，矛盾得不到及时解决，孩子肯定会对父母产生抵触心理。"

在家庭教育中，亲子关系要比单纯的教育重要得多。

父母不想让孩子成为问题制造者，就必须建立良好的亲子关系，减少与孩子的矛盾，这是家庭教育的根本。

良好的亲子关系是孩子健康成长的保障，对孩子来说，他们需要父母的理解、关心和情感上的交流，这样才能让孩子有安全感，才能更好地生活。

杜悦曾经是我班上的学生，她的学习成绩不是最好的，却是最踏实、心态最好的学生。她性格温和，做事稳重细心，跟同学们的关系也很好。

据我所知，她家里的家庭氛围非常好，亲子关系也非常和谐，几乎很少跟父母有矛盾。

杜悦说，在家里她跟父母就像朋友一样相处，父母从不会刻意去要求她做她不愿意做的事，很多时候，也都会尊重她的意见，有事大家一起商量解决。她非常喜欢自己的家，在家里她感觉到自在温馨，很有安全感。

受到家庭氛围的熏陶，杜悦的性格也非常恬淡，她喜欢主动学习思考，在她眼里学习是有意思的事，绝对不是负担。她曾经告诉过我，做作业时她从来没有厌恶或不耐烦的感觉，学习的过程是愉悦的。

考试的时候，杜悦也是最认真的一个，每道题都会尽自己的努力，写到最完美。之后，还会很有耐心地细致检查一遍，很少会看到她焦躁或不耐烦的时候。

杜悦的优点跟她的家庭氛围有很大关系，亲子关系的和谐与否，对孩子的潜移默化的影响是巨大的。所以，父母为了孩子的成长，要努力培养和谐的亲子关系，减少孩子的状况。

性格稳定、听话懂事的孩子不是天生的，很大一部分都是因为后天教育中的亲子关系起到了良好的作用，孩子才会健康成长，少出状况。

孩子出现了问题，很多父母会赶紧说教，甚至惩罚孩子，这不是好办法。父母要学会用好关系来化解孩子的问题。

孩子年纪小，很多想法难免会不成熟，喜欢感情用事。在教育小松的时候，我就比较擅长用亲子关系来教育他。

小松上初中后，对别人的口头教育非常反感，他总是不耐烦地说："看，又开始讲大道理了，真没劲。"

陶京也跟我抱怨过："看看咱家的孩子，谁的话也不听，以后怎么管啊？真想揍他。"

看着说教行不通，我就开始注重跟小松建立好关系，让小松认为我是他的支持者，也是可以说心里话的朋友。

小松放学回来会看会儿足球比赛，我也跟他一起看；他说学校里有趣的事时我也积极倾听，还不忘发表一下意见。

"妈妈，你真是我的好朋友。"有时，小松会这么说。

有一次，小松又没有收拾房间，里面乱七八糟的，明天还有同学会来找他。陶京说了他好几次，小松就是不听，还说："房间乱怎么了？又不会怎么样。"

这时，我看了小松一眼说："要不我帮你收拾吧，不能养成不讲卫生的习惯。"小松看到我去收拾了，很不好意思地站起来，跟我一起收拾。慢慢地，他就养成了自己收拾房间的习惯，不再懒惰。

正是因为我平时注意培养良好的亲子关系，所以在遇到问题的时候，小松特别乐意听我的意见。我不会太多地说教，而是用好关系来解决。这就好比以情动人，孩子会很快改正错误、解决问题。

孩子跟父母不是天生的对峙关系，他们对父母也有深厚的感情。如果父母可以处理好亲子关系，相信孩子为了父母，会努力改正错误，减少出现问题的概率。

在家庭教育中，良好的亲子关系比各种教育方法都更有效。孩子与父母的关系越好，越愿意听取父母的意见，如此，自然会少犯错，积极健康地成长。

亲子关系需要父母的重视和有意识地培养，要尊重孩子，找到跟孩子相处的正确方式。也不要把孩子的问题都推到孩子身上，要先反省一下自己的教育方法，看看是不是亲子关系出了问题。

他们不爱我
——孩子大了难管？化解逆反并不难

通常孩子之所以会变得叛逆，是因为父母不了解孩子的内心，无法与孩子建立和谐的亲子关系造成的。对叛逆的孩子来说，建立好关系比一味地教育更有效。

孩子叛逆的原因有很多，但从根源上来说，心里缺乏爱是引发内心矛盾的导火索。孩子感受不到父母的爱，必然会出现叛逆行为。

我在朋友那里看过一个案例，就说明了这个问题。

有个女孩，家庭条件优渥，家里就她跟哥哥两个孩子，但他们的性格和行为几乎没有一点相似的地方。

哥哥是个德、智、体、美全优秀的学生，父母、老师和同学们都很喜欢他。妹妹却不一样，非常叛逆，经常在外面惹麻烦，让父母非常头疼。

有一次，朋友跟妹妹交谈，妹妹告诉她："我就是不愿意听大人的话，他们根本就不爱我，只爱我哥哥，你们知道我的心里有多难过吗？"

"不会的，你的父母不可能只疼哥哥一个人，他们肯定也很爱你。"

"才不是呢，"妹妹断然否认道，"我又不是傻子，我能感觉得到。"

妹妹的样子看起来很认真，也很难过。

于是朋友又跟女孩的爸爸进行了沟通，爸爸听到朋友的质疑后，立即反驳："我怎么可能不爱她呢？平时她要什么我都给什么，还想要怎么样啊？"

听爸爸的口气，显然他对叛逆的女儿也是心有怨言的。

"其实孩子最在意的不是物质，而是父母的爱，"朋友解释道，"你是满足了女儿的物质欲望，但她还是觉得你不爱她，所以平时要注意建立好的亲子关系，让女儿真心感受到你的爱后，相信她绝不会再故意惹大人生气。"

妹妹叛逆的原因很简单，就是感觉父母把爱都给了懂事的哥哥，自己被冷落了。

当孩子叛逆的时候，父母先不要着急责备孩子，而是要扪心自问，对孩子的关心爱护是不是少了，是不是忽略了孩子。大多时候，孩子无法与父母建立爱的联系就会变得叛逆。

面对叛逆的孩子，父母要明白，简单的教育方式很难奏效，关键是要跟孩子建立良好的亲子关系，好关系比单纯的教育更有效。

张天是陶京同事张辉的儿子，张辉跟老婆离婚之后，就一个人带着张天生活。后来因为工作繁忙，实在无法照顾张天，张辉就把张天送到了奶奶家，张天在奶奶家生活了差不多两年的时间。

后来，张辉工作稳定了，就把张天接回了家，他本来以为儿子会很想自己，但张天的态度很冷淡，甚至带着一些怨气。

张天转学之后，马上就成了"问题孩子"，学习成绩差到不行，还经常翻墙逃课，有时甚至还会偷拿张辉的钱。

张辉一直感觉对不起儿子，也不敢轻易教训孩子，听陶京说，每次张辉心烦的时候会抽很多烟，样子很憔悴。

于是，我决定帮张辉父子一把，希望他们的关系得到改善。我告诉张辉，要跟张天建立好亲子关系，赢得孩子的信任和依赖，这样才能减少孩子的戾气，让孩子变得平和理智。

张辉听了我的意见，更加关心张天，把他当作好朋友一样相处，久而久之，张天越来越感觉叛逆没意思。他开始反省，爸爸对自己这么好，如果再惹是生非就太对不住爸爸了。

后来，张天跟张辉进行了真诚的沟通，把心里的不愉快全部说了出来，张辉做出了合理的解释，张天也表现出了理解。最后，父子俩的关系缓和了很多。

"谢谢你啊，"张辉特意来感谢我，"我现在才真正明白，跟孩子建立好关系的重要性。和谐的亲子关系是彼此信任理解的基础，也是化解矛盾的良药。"

父母跟孩子建立良好的亲子关系，这种和谐的气氛会间接影响孩子的言行举止，孩子也会因为好关系，而更愿意听从父母的意见，做出积极的改变。

在教育叛逆的孩子时，父母有很多需要注意的地方和需要遵循的原则，其中一定要注意的就是给孩子足够的自由和关爱。因为对叛逆的孩子来说，管得越紧，效果反而会越糟。

在家里，小松也是个比较难管的孩子，但我跟他的关系非常好，他不会与我作对，也有自己合理的处事方式，这种良性的关系让父母和他都感觉很满意。

关于如何跟孩子建立良好关系的方法，我也做了一些总结。

在教育小松的时候我从来不会命令他去做什么，很多时候都是跟他商量着来。我不是他生活中的"主角"，而是扮演了"配角"。很多时候，我会先给小松讲明白道理，然后分析利弊，如此，他很容易就可以做出令大家都满意的选择。

总之，平时我也不会太管制着小松，而是学会放手，给他最大限度的自由，很多事都是他自己拿主意，自己去尝试，这让他充满了自豪感。这点很重要，很多时候，孩子叛逆都是因为父母的束缚和严格的管制。

平时我会尽量表达自己的关爱，很少会一直唠叨他。给他夹菜、提醒他多穿衣服、给他好的建议、用足够的耐心理解包容他，这些他都可以感觉到。

正是因为我在生活中注意了这些原则，给孩子自由和关爱，才能跟孩子建立起良好的亲子关系。事实证明在此基础上进行教育，孩子是很少会叛逆的。

父母在教育叛逆的孩子时，需要注意很多问题，这些原则和细节对教育的成功与否有很重要的影响，所以，父母要谨记和注意。

在成长过程中，很多孩子都会有叛逆行为。孩子在不断成长，自主意识也会增强，所以难免会与父母的思想相悖。如果父母只是教育孩子改正，是很难成功的，甚至会让孩子的抵触心理更强。

与孩子建立良好的关系，了解孩子的内心世界，这样才能跟孩子站在统一战线上。如此再化解孩子的叛逆就容易多了。

去跟其他朋友玩
——孩子黏着你，真的是爱你的表现吗？

父母与孩子之间有依恋之情是好事，但不能太过，否则孩子的心理和其他方面的发展都会滞后。如果父母不注意调节，这种依恋还会与日俱增。

家庭成员之间相互依恋是正常的，但父母要让孩子知道，每个人都是独立的个体，都要对自己负责，都要有独特的个性和生活内容，父母不能一直陪着孩子。

小松上小学的时候，我去送他上学，当时看到了让我非常难忘的一幕，那件事也给了我很大的触动。

把小松送到学校后，我就走了。半路上我才想起来伞还没有给他，于是就返回去送。很意外的，我发现一位妈妈站在窗外，无奈地看着教室里的女儿。

"你在这里干什么？孩子怎么了？"当时我很好奇这位妈妈的举动，就忍不住问了一下。

"别提了，"她露出了苦涩的微笑说，"女儿太依赖我了，她的世界里除了我没有别人。她不让我走，要是我走了，她就不上课了。"

"孩子过分依恋父母不是办法，长此以往，她要怎么独立啊。"我也很替这位妈妈担忧。

"是啊，我也不知道该怎么办，一点办法也没有。"

"你要多跟孩子交流一下，让她知道每个人都是独立的个体，都要有自己的生活圈，不能只跟父母在一起。"这些都是要让孩子懂得的道理。

"说了也不听。"这位妈妈也很消极。

"孩子还小，也不要着急，你要多跟她讲道理，给她灌输独立性的思想，慢慢地孩子就会有改变了。"父母不能因为孩子不听就停止进行思想教育。

后来，我跟这位妈妈一起离开了学校，她女儿虽然哭闹了一阵，但还是慢慢冷静下来了。

孩子对父母越依恋，心理就越脆弱。所以，从小要给孩子灌输独立意识的思想，让他们明白自己的世界里不是只有父母。

为了减少孩子对父母的依恋性，父母要多带他们去接受陌生的环境，跟他人交往。孩子的眼界变宽之后，就会转移注意力，对父母的依恋也会变少。

小松的表姐乔安小时候也是一个十分依恋父母的孩子，除了上学，她几乎都在家里，做什么都要父母的陪伴。每次被父母拒绝，她就大哭大闹。后来实在没办法了，乔安妈妈就来找我求助。

"乔安怎么办啊？"提起乔安她就很头疼，"孩子不跟别人交往，老待在家里，她怎么能长大，变得独立啊？我真担心她的未来。"

"你是全职太太，一天到晚都在家里，她天天面对你，所以产生强烈的依赖感也是很正常的事。"我思忖良久说，"这样，周末我们一起带孩子去游乐场吧，多让她接触外面的环境，看看其他小朋友是如何生活的。"

到了游乐场，小语和小松玩得非常开心，跟一群不认识的小朋友很快就打成一片，相约着一起玩了，只有乔安还拉着妈妈的手不放。

"乔安，你是不是也想跟其他小朋友一起玩？"我拉着乔安的手问，"你放开妈妈的手，去找小语姐姐吧。"

乔安不太情愿，但她的双眼充满了好奇和向往，于是我把小语喊过来，又安慰了乔安一下，她才慢慢拉着小语的手去玩了。

从那以后，乔安跟着妈妈参加了很多活动，慢慢地，没有妈妈的陪伴她也可以勇敢走出去了。我们大家都为她的进步感到高兴。

孩子的依赖性强，是缺乏社交锻炼的表现，父母要多带孩子去户外活动，鼓励他们尝试与他人交往。当孩子发现了其中的乐趣之后，慢慢就转移了注意力，减少了对父母的依恋。

当孩子对父母表现出过分依恋的时候，父母要学会适当地拒绝，更不能过分享受孩子的依恋。有时孩子养成依恋的习惯，是父母同样对孩子非常依恋而造成的结果。

张军曾经是我班上的学生，现在他的性格非常独立，懂事有礼，就跟小大人一样。

但据我所知，起初他并不是这样的，他对爸爸的依赖非常强烈。

现在的孩子大都是家里的独子，父母的心头肉。张军小的时候，爸爸一天看不见他就想得不行，每天都要带着他玩很久。

正是因为如此，张军比同龄人更依赖爸爸，成长显得很滞后。爸爸意识到这个问题后，开始注意自己的态度，跟张军相处的时候要把握好度。

"爸爸已经陪你玩了一会儿了，要去工作了，你自己去玩会儿。"起初张军很不情愿，但爸爸的态度很坚决，张军只能自己去看动画片了。

"爸爸，下周的游泳课你跟我去吧，我不想跟同学们一起游泳。"张军喜欢有爸爸陪着。

"儿子，爸爸可以带你去游泳馆，但是学校里的游泳课你要自己参加。如果游得不好，可以问老师，也可以多跟同学沟通，知道了吗？"

就这样，张军爸爸有意识地、慢慢地把张军"推"出去，结果证明这个办法很有用。

张军爸爸跟我说："有时候不是孩子太依赖父母，父母也同样依赖孩子。所以，父母要有意识地减少自己对孩子的依赖，把他们'推开'，去面对外面的世界。"

很多时候父母都意识不到自己对孩子的依恋，这种依恋是可以传染给孩子的。要想减少孩子的依恋，父母首先要学会控制自己的感情，才能适当地"推开"孩子。

有些父母一直都在为孩子的过分依恋而苦恼，害怕影响孩子的正常成长。面对这些，父母首先要反省自己的教育方式，减少自己在情感上对孩子的依恋，这是正确教育孩子的前提。

父母不要一直把孩子带在身边，让孩子感觉世界里只有父母，要多让孩子去接触外面的世界，参加集体活动，跟更多的人交往。只有开阔了视野，才能减少孩子对父母的依恋。

妈妈永远爱你
——挫折面前，爱永远是最强大的武器

孩子在面对挫折时，意志会非常消沉，如果父母能用爱去鼓励孩子、包容孩子，那么相信孩子会很快振作起来，勇敢战胜挫折。

没有不好的孩子，只有不会教育的父母。如果孩子在遇见挫折的时候，父母能用爱的力量鼓励孩子，相信他们会变得更勇敢。

在去听教育讲座的时候，我听到过这样一个故事，当时非常感动。

这个故事里的男孩叫崔浩，在今年的高考中考取了全市第一的好成绩，但他也有一段"灰色"的过去。

崔浩刚上小学的时候，成绩非常不好，连最简单的加减乘除有时都会算错。其他同学能随口答上来的问题，他自己要想很久，有时甚至会得出错误的答案。这一度使他感觉很沮丧，认为自己是最笨的孩子。

但是崔浩的妈妈不这么认为，她爱儿子，也对孩子充满了信心。

周末，妈妈会亲自教崔浩学习，从来没有因为他反应慢而生气，她说："孩子，你并不是别人说得那么笨，你只是跟他们的思维方式不一样。有些孩子属于'厚积薄发'的类型，你现在多学点知识，以后肯定会比他们更好。"

起初，妈妈无法说服崔浩，他依然很沮丧，不开心。过了很久，妈妈依然不断鼓励他，想方设法地要他多学习。

很多时候，只要崔浩学习，妈妈都会在一旁陪着，有时很晚了，妈妈会给崔浩做消夜。崔浩虽然努力，但成绩依然很一般，妈妈还是安慰他、包容

他，这些都让崔浩很感动。

他在心里暗暗发誓，自己一定要好好努力，克服困难，如此才能不辜负妈妈对自己的爱和支持。

学习需要动力和坚持，崔浩的不断努力终于换来了好结果，他的进步很快，让老师都惊叹不已。只有崔浩知道，自己的努力都是源于妈妈无条件的爱，让他一路勇敢、披荆斩棘。

父母的爱是对孩子最好的支持，爱可以创造奇迹，可以让人充满激情，获得动力。所以，当孩子遇到挫折时，父母要多给孩子理解和支持，这是教育孩子的很好的方法。

孩子在挫折面前，本来就很消沉，如果父母表现得冷漠，怨怼孩子，孩子肯定会更消极。如果连父母都不支持孩子，不给孩子动力，孩子消沉的时间肯定会变长，受到的负面影响也更大。

周云是我们小区里的孩子，跟小语玩得很好，性格安静沉稳，但有些怯弱。

听小语说，周云在体育课上遇到了小麻烦，到现在都还没克服，周云的父母老觉得是周云太笨了。

周云有些恐高，胆子也小。体育课上新增了跳马项目，老师先给同学们进行示范，然后又细心讲解，大家都跃跃欲试。

很多同学在练习了一会儿之后，都成功跳了过去，只有周云有些畏惧，不敢起跳。后来，在老师的催促下，她才闭着眼睛跳，但失败了。

回到家，她把这件事告诉了妈妈，希望能得到妈妈的安慰和鼓励，但是妈妈没有安慰她，说："这么点小事你还值得说啊？别人都能跳过去，你却不能，你是有多笨啊？"

周云听了，心一下子就沉了下去，难受极了。

得不到妈妈的安慰和肯定，周云对自己越来越没信心，她甚至相信了同学们的话，她是个很笨的孩子，连一点小挫折都不能克服的孩子。

面对挫折，如果有父母的支持，孩子的心里肯定会感到很安慰，也能找到克服困难的自信。如果缺少父母的关爱和支持，孩子很容易自暴自弃，找不到动力。

当孩子遇到挫折时，父母怎么做才能把爱传递给孩子，让孩子高兴呢？父母要抛开挫折本身，多关爱孩子的心情，给他们心理上的安慰，如此才能让孩子重新获得战胜困难的勇气。

小语跟小松的性格不一样，小松是男孩子比较大大咧咧，碰到不如意的事只要稍稍安慰，给予鼓励就很容易恢复过来。

但小语的心思就比较细腻，同样遇到挫折的时候会习惯性怀疑自己，甚至会担心我们不会再喜欢她。

跟很多女孩子一样，小语在上小学时的成绩非常好，上初中后，班里的男生后来居上，她的成绩落后了很多。

"小语，不论是谁都会有成绩退步的时候，这只是暂时的，妈妈相信你，以后肯定会赶上去的。"我安慰小语说。

"你怎么知道成绩会赶上去啊？现在的我再也不是大家眼中学习好的孩子了。"小语一时有些接受不了。

"小语你不能这么说，再聪明的学生也有偶尔失利的时候，"我知道现在跟小语讲道理她是听不进去的，只能给她心理上的安慰，"再说了，不管你的成绩如何，你都是爸爸妈妈的孩子，这一点永远不会变，我们还是会像以前一样爱你，你还担心什么呢？"

听了我的话小语不吭声了。

"小语，在妈妈眼里，你只要尽力就好了，你一直都是妈妈的好女儿，知道吗？"

小语虽然没接话，但她看我的眼神里充满了感激和柔情，我想，她肯定是感受到了父母对她的爱。

小语的心情平静下来之后，又积极投入学习中去了，调整了学习方法之后，成绩又提高了不少。

父母在跟孩子表达爱的时候要讲究正确的方法，让孩子明白即使遇到再大的挫折，父母也会是孩子坚强的后盾，是永远的依靠，不会因为孩子的失败而减少对孩子的爱。

爱一直是克服挫折、创造奇迹的强大动力，尤其是对孩子来说，当他们脆弱的内心感到痛苦彷徨时，父母的爱可以让他们感到安慰，同时及时调整心态，鼓起勇气努力战胜挫折。

所以，当孩子面对挫折时，父母不要吝啬对孩子表达爱，更不能冷漠、置之不理，而是要让孩子知道，无论成败，父母对他们的爱不会少。如此，孩子必然会因为感恩而充满力量。

第七章 真爱是需要保持距离的

来跟我一起看电视
——亲密关系关键词：保持距离

有弹性的亲子关系就跟跳舞一样，进进退退，却始终保持着不远不近的距离，这是一种非常睿智的距离。父母跟孩子之间要保持适当的距离，才能保证亲子关系的亲密和谐。

很多父母都忽视了跟孩子保持距离的重要性，要不就是太过亲密，不分尊卑，要不就是太过疏离，这两者都不利于孩子的健康成长和亲子关系的和谐。所以，父母要明白保持距离的重要性。

张悦的父母是很传统的家长，在他们看来，孩子的一切都是自己的。父母感觉这种亲密的关系，给了他们无限的权利，所以就"绑架"孩子，一点也不注意和孩子保持必要的距离。

张悦从小喜欢什么都是由父母决定的，跟谁一起玩也要听父母的，只要觉得是对孩子有益的，父母就无怨无悔地付出。在成长的过程中，张悦的很多事都是父母亲力亲为，同时也替张悦承担了很多责任。

慢慢地，张悦对父母越来越反感，甚至不愿意看见父母，一放学回来就把自己关在房间里，心情看起来郁闷坏了。父母越想了解张悦，越想插手，张悦反而越反感。

没办法，张悦的妈妈就来向我求助，问我张悦这是怎么了。

"张悦不是小孩子了，但你们依然把她当小孩子一样来束缚，恨不得什么事都替她做，也恨不得想知道她所有的事。"我如实说道，"跟孩子之间保持适当的距离是很重要的。"

"可我跟她爸爸是她最亲密的人，当然要事事以她为重了。"张悦妈妈还意识不到他们这么做有什么不妥。

"孩子也需要有自己的空间和权利，去自己做事，自己做决定，"我继续跟张悦妈妈解释，"只有在自己的空间里，他们的各种能力和价值观才能得到发展，成为一个真正拥有独立人格和做事能力的人。也只有如此，他们才能喘息，才能感觉到自由。"

"是我们跟孩子的关系太没有距离了吗？"

"是的，跟孩子保持适当的距离，让他们有独立的权利，孩子才会对父母的理解，感恩不已。"

张悦妈妈终于了解了跟孩子保持距离对亲子关系的重要性。

对孩子来说，父母的一味控制和参与，会让他们无所适从，甚至感觉不到自己的存在感，从而讨厌父母。保持适当的距离，才能让孩子拥有强大的内心，才能学会用正确的方式跟父母相处。

跟孩子保持适当的距离，孩子才能把父母当作朋友一样来相处，才会感觉到父母的亲切。如此，才有利于亲子关系的顺利发展。

我的邻居李华对儿子李迪的教育就比较自由，他非常注重尊重孩子的隐私，跟孩子保持着一定的距离。

"老李，你跟李迪相处得不错啊，他跟你这个爸爸很亲近，在同龄人中真是很难得。"有次我跟李华聊天的时候说。

"嗯，儿子跟我相处是挺好的，这里面可是有秘密的。"

李华告诉我，从小他儿子就跟他很要好，每天放学回来就跟他待在一起看电视、玩游戏，关系融洽得很。

但是，随着李迪的不断长大，他发现李迪跟他待在一起的时间越来越少，回家里经常跟同学打电话，或者一起约着在网上打游戏，李华被冷落了。他发现，自己越刻意与李迪亲近，李迪就越反感，李华为此郁闷了好长一段时间。

后来，李华学会了跟李迪保持距离，李迪跟同学玩或打电话的时候，他不会再轻易打扰。如果李迪不想说话，他也不勉强，不想跟他玩，也就算了。

又过了些日子，李迪开始主动跟李华说话，这时候的李华总会认真倾听。这种不紧不松、张弛有度的关系，让李迪很放心也很喜欢，他跟爸爸的关系一直维持在很好的状态。

跟孩子保持一定的距离，才不会让他们感觉被束缚或有压力。父母管得太松，孩子会疏远；管得太紧，孩子会感觉窒息。只有保持适当的距离，才能让孩子用愉快的心跟父母相处。

父母要想跟孩子保持适度有弹性的距离，就必须要学会给孩子独立的空间，允许孩子有秘密和自由，如此才能让亲子关系保持在最合适的状态。

平时我非常注意跟小语保持距离，给她充足的独立空间，包括独立的环境空间和心理空间。

小语很小的时候，我就给她准备了自己的房间，在里面她可以随心所欲地做自己喜欢的事。我平时进她房间的时候，一定会先敲门。

她的爱好也有很多，只要是对她有益处的，我们都会鼓励，让她自己做主，好好学习。这样她会感觉自己的心是自由的，是不受父母约束的。

每个孩子都有自己的隐私，他们不喜欢被父母窥探，小语也不例外。我从不翻看她的日记，她不想说的秘密，我也不会追问到底。

除此之外，她也有自己的社交圈，所以我也会注意给她留下与人交往的空间。每次她的同学来家里玩时，有时我们也会回避，从而给他们足够的相处时间和空间。

平时，正是因为我做到了跟小语保持适当的距离，她才愿意把我当作朋友看待，我们一直相处得非常融洽，很少发生矛盾。

父母和子女就如同刺猬，拥抱在一起才不会寒冷，但太过亲密了也会伤害彼此，所以父母一定要学会跟孩子保持适当的距离，只有如此，彼此的关系才能和谐发展，避免剑拔弩张。

人跟人之间相处的时候，都有一种心理距离的效应，言外之意就是父母要懂得跟孩子保持适当的距离，才能保证亲子关系的和谐发展。如果父母不懂节制，大肆侵犯孩子的自由空间，必然会让孩子对父母心生反感，甚至抵触。

所以，父母要懂得给孩子留足充分的独立空间，做好引导工作，让孩子自由成长。孩子总会走向独立，父母要给孩子一个好的开始，保持合适的距离。

你自己去吧
——你把孩子攥得越紧，孩子就会离你越远

在教育孩子的时候，父母要学会放手，不做孩子的"拐杖"。父母越是大胆放手，孩子越能健康积极地成长。相反，把孩子抓得越紧，越难教育好。

父母不懂得放手，会让孩子产生严重的依赖性，同时也会让孩子产生反感，影响亲子关系的和谐。

我在小区中做过一项调查，其中60%的父母都在为孩子的作业担忧，孩子在写作业的时候，他们都需要"陪写"，否则孩子就完不成。

李天的妈妈说："我每天都要陪着儿子做作业，只要我不管，他就不做。这也就算了，他对我的态度还越来越反感，认为我教不会他，想想真是头疼。"

据我所知，李天妈妈为了让他学习变好，从小就开始陪他写作业，甚至还帮他检查错误，改正错误。

李天妈妈毕竟能力有限，在教李天学习的时候肯定会有欠缺的地方，方法也没老师说得好，所以很自然会影响李天的学习成绩。反过来，因为李天对妈妈产生了依赖性，所以主动性差，自己也不动脑思考，慢慢地矛盾就会产生了。事实上，李天妈妈在做着费力不讨好的事。

"刚开始，我就怕李天的学习成绩不好，才开始陪读。谁知越陪读，他的成绩越差，现在居然抱怨我教得不好。"李天妈妈越说越生气。

"很多时候，父母不懂放手，会让孩子更难独立。起初，是你管李天太紧了，所以才造成了现在的局面。"李天妈妈虽然用心良苦，但方法不对。

　　父母都希望能帮助自己的孩子，为他们做很多事，所以难免会把主动权握住，掌握着孩子的一举一动。但这样下去，孩子无法独立，必然会迁怒父母，亲子关系就产生了裂痕。

　　父母懂得放手是明智的选择，否则手会越伸越长，管得越来越紧。父母学会放手，孩子才会长大，才能摆脱对父母的依赖，成为自主性很强的人。

　　小语刚上幼儿园的时候，非常不适应，在入学之前，她是一个自由自在、不受拘束的孩子。进入幼儿园后，忽然被纪律束缚，这让她难以适应。每次放学回来，她就抱着我的腿哭诉，再也不想上幼儿园了。

　　当时，我觉得小语还小，就开始跟她一起上幼儿园，在幼儿园里教会了她很多适应的方法，让她知道规则要如何遵守。看她适应得差不多了，我就再也不去陪她了。

　　"妈妈，你为什么不陪我去了啊？为什么？"小语有些不依不饶地道。

　　"妈妈不是教会了你要如何在幼儿园里生活吗？你既然已经学会了，妈妈自然要放手啊。"我明白，如果不懂放手，小语就很难独立，"妈妈相信，你可以的。"

　　就这样，小语抱怨了几次后，顺利适应了幼儿园的生活，最后过得如鱼得水，渐渐喜欢上了那里。

　　当小语上小学的时候，我只是叮嘱了几句，她就高高兴兴去学校了，再也没出现类似幼儿园的情况，反而，她开始享受新环境带来的挑战和喜悦，不得不说，这是一种很大的进步。

　　父母适时地放手，就是给孩子提供了一个锻炼的机会，让他们学会独立适应。这样就避免了孩子长久的依赖性，养成良好的生活或学习习惯等。

　　孩子应该是属于群体的，所以父母不能把他们绑在身边，要让他们独立地去接受集体生活，学会独立解决问题，这是孩子成长蜕变的必经之路。

朋友王琪带着儿子从加拿大回来了，很多老朋友去她家里看望。很多人都在夸王琪的儿子很有出息，小小年纪就考上了加拿大最好的一所大学。

"你是怎么管教儿子的，是不是管得特别严格？"一个我不认识的女人开口道。

她的问题想必大家见怪不怪了，很多人都认为要想让孩子优秀，就必须管得紧，抓得严。

"没有，相反，我对他管得很松，从不会把他绑在身边，而是让他多出去跟同龄人接触，相互学习。"

很多人都露出了不可置信的表情，我却觉得这是真的。

王琪接着说："儿子小时候，我从不会什么都教他、帮助他。有一次，他跟同龄人在沙滩上玩，忽然不知是谁的提议，他们决定尝尝沙子的味道。当时，我就在旁边，但我没有去管，而是让他们自己去尝试，自己去了解。他们尝过了，觉得不好吃，以后自然就不会吃了。

"如果父母一味地把他们带在身边，时时告诫他，沙子不能吃，他反而会觉得烦躁郁闷，甚至觉得父母啰唆。"

那天，很多人都受到了启发。

其实，王琪的教育方法很简单，就是懂得放手，给足孩子自由成长的空间，让他自己跟同龄人接触，找寻最合适的相处方式，同时发挥思维的积极性，去探索学习不同的新鲜事物。如此，慢慢地，孩子的独立性会增强，经过锻炼，更容易以最好的姿态去适应社会。

很多父母经常管这管那，只要是孩子的事，恨不得全权掌控。孩子不但难以独立，也会很想逃离这种受约束的行为。

所以，父母要懂得适当放手，只有松开手里的线，孩子才能飞得更高更远。

多让孩子在属于他们的集体生活中锻炼和磨炼，才能帮助他们成为独立的人。很多个人的思维方式和处世态度并不是靠父母的教导就可以明白的，只有放手，孩子才能发现属于自己的能力和骄傲。

父母学会放手是为了让孩子摆脱依赖性，锻炼出独立性，从而更好地面对社会。所以，父母要学会"抽身"，把孩子"推"出去。只有经历了适当的磨炼，才能真正地成长。

孩子有属于自己的人生舞台，他们要学会独立表演，所以父母必须学会退居幕后，懂得放手，这是对孩子的锻炼，也是对他们的尊重。

把鞋子刷干净

——你好心"替孩子"，实际是在"害孩子"

现在的家庭中，溺爱孩子的现象很普遍，很多孩子都被溺爱出了很多毛病。如果我们深入探究该问题形成的根源，大部分都是父母习惯代替孩子成长的缘故。

父母无条件地照顾孩子，看似是爱，实则是害。平时遇事，父母不要直接代替孩子去做，而要给孩子提供自己尝试的机会，这样的环境很重要。

之前有一位妈妈找我来咨询，她一脸愁容，抱怨自己的儿子已经上高中了，但生活自理的能力还很差，更别提在家可以帮什么忙了。

其实对于这个问题，我的心中早就有了答案。于是我问她："你的孩子是从小就什么也不做，也不学吗？还是说，长大以后就不干了？"

"也不是从小就不干，那时候他年纪小，什么也干不好，但现在长大了还不行，真让人头疼。"

这位妈妈犯了很常见的错误，孩子小时候不给他成长的机会，长大了却要求他什么都会。

"那你能回忆一下，儿子刚开始学干活儿时候的事吗？"

"这个……"这位妈妈开始回忆道，"我记得他刚开始洗碗的时候，不仅弄得满身是水，还打破了碗。"

"那你是怎么做的？"

"他当时只会制造麻烦，所以就不让他洗了啊。"这位妈妈说得理所当然。

"还有其他的例子吗？"

"他整理书包的时候，一点章法也没有，弄得乱七八糟的，我就把他推到一边，自己替他整理了。"

后来，这位妈妈又说了很多类似的情节。

我看着她不说话，她也开始沉默，她终于找到了原因，那就是她没有给儿子成长的机会，习惯了自己代替。

"希望你回去之后可以学会弥补自己的错误，多给孩子机会，不要再继续代替下去了。"

我给了她一句很诚恳的忠告。

父母为孩子创造尝试成长的环境是很重要的，不要一开始因为孩子做不好，就不给他再次尝试的机会，没有尝试，怎么会有所成就呢？

父母不要代替孩子成长，可以引导他们，在这个过程中，父母扮演的角色是协助，不应该是主导者。孩子做不好没关系，父母的悉心教育可以让他们慢慢学会。

一个下雨天，闲着没事的我去朋友家串门喝茶。快晚上的时候，朋友的女儿张琳放学回来了，新买的鞋子上全是泥水，看起来狼狈极了。

"妈妈，看我的鞋，都脏了，里面的袜子也湿了。"张琳一进门就开始脱鞋，朋友走过去帮忙。

"琳琳，换鞋之后，你要自己把脏鞋袜都洗干净，知道吗？"张琳换好鞋后就不管了。

"可是我不会啊，鞋袜那么脏，我怎么洗干净啊？"显然张琳很不情愿。

"这个容易，妈妈给你洗一只鞋和一只袜子，你学会了再自己洗。"

张琳听妈妈这么说，也只能答应了。

妈妈分别拿着一只鞋袜，拿着小刷子，在水槽边一会儿就洗干净了。她一边洗，一边教张琳，直到张琳看会了。

张琳学着妈妈的样子，开始清洗鞋袜，一点一点，虽然很慢，但在妈妈的指导下，还是洗得非常干净，就跟新的一样。

"琳琳，现在妈妈教会你了，以后你要自己动手啊。"妈妈鼓励张琳，让她学会自己做。

"嗯，我知道了，以后我还要洗更多的东西。"张琳也很有成就感。

张琳回房后，我跟朋友说："你的教育方法真特别，不过很不错。"我们两个默契地相视一笑。

不代替孩子，并不是说就不能帮孩子，这是两个不同的概念，父母是孩子最好的老师，父母的指导能让孩子进步很快，这才是正确的爱。

父母是爱孩子的，有时难免会因为好心而"代替"孩子成长，所以父母要培养让孩子独立成长的意识，如此才能及时约束自己。

小语小的时候，我们也给她做过打算，希望她长大后会成为什么样的人也想过，也要求过她，结果却不尽如人意。

有一次，老师打来电话说，希望小语可以报文科班，因为她的英语和语文成绩都非常不错。小语却不这样认为，她非常喜欢数学，虽然数学成绩不是最好的，但她想要在这方面发展，将来上个好的理工大学。

老师希望我可以劝劝小语，替她做决定，毕竟这是大事。我想了想，答应了老师。

我一个人坐在沙发上想了很久，忽然意识到这样是不对的。在平时做教育咨询的时候，我肯定不会这样劝说其他孩子，因此，我不能因为小语是我的女儿，就过分地左右她的思想。这种意识在我的脑海里不断增强，从而让我做出了正确的决定。

小语放学回来，没跟我说话，想必她也知道了老师打电话的事，感觉我肯定会按照老师所说的要求她。

"小语，选择文理科是你的事，妈妈只会给你建议，但绝不干涉你的决定。"有了这句话，小语的防备、抵触心理瞬间就没有了。

"妈妈，我现在真的很喜欢数学，我也想上大学后继续深入研究，所以，我不想选文科。"

听了小语的话，我很庆幸自己当时想到了培养让孩子独立成长的意识，不然我就会帮助老师说服小语了。

父母平时要多跟自己强调，不要太过左右孩子的自由成长，要时时给自己增强这方面的意识，这样才能减少犯错误的机会。

孩子的成长主要是孩子的事，这是不能代替的。父母的代替会剥夺孩子顺利成长的机会，会阻碍他们的健康发展，这样他们以后在社会上是很难有强大竞争力的。

所以，父母要有协助孩子成长的意识，为他们提供尝试的机会，帮助他们成长，尊重、支持他们的决定，让他们从小就学会对自己负责，成长为拥有独立性的人。

把你的压岁钱给我
——真爱潜规则：孩子的底线不能碰

每个人都会有不能触碰的底线，这是一种人人都要遵守的规则，是亲子间一种不能跨越的距离。所以，在教育孩子的时候，父母要注意，绝不能触碰孩子的底线。

一提到孩子的底线，很多父母都会很诧异，很茫然，不知道那是什么，在他们看来，孩子就应该是完全透明的。父母要想不触碰孩子的底线，就要先弄清楚，通常孩子的底线是什么。

我在跟一些父母讨论孩子的底线问题时，很多父母都是茫然的，他们甚至不认为孩子也是有不能触碰的底线的。

"孩子毕竟是孩子，父母的教育都是为了他们好，难道还会伤害他们不成？"

"孩子也会有底线吗？孩子不听话或者错做事，难道父母还不许说了？"

大家众说纷纭，一直在讨论孩子的底线问题。我告诉大家说："孩子也是需要被尊重的个体，也有自己的独立人格，所以很自然他们也有自己的底线。"

大家等着我继续详细说明："就比如，每个孩子都有自己的缺点和过失，如果父母一再揪着不放，就肯定会触碰他们的底线；再比如，每个孩子都有自己的生理和心理极限，如果父母触碰到底线，让孩子感觉难以承受，必然会给孩子带来深深的伤害。"

"孩子也有一些不喜欢被别人触碰的东西，如果父母强行为之，也是在触碰孩子的底线，是吗？"一位孩子的爸爸开口询问。

　　"对，你说得很对，这是在挑战孩子的心理底线，是错误的做法。"我赞许地看着这位爸爸。

　　在经过了一系列讨论之后，很多父母都意识到了孩子的底线的问题，也开始各自琢磨，如何才能在教育时避免触犯孩子的"雷区"。

　　孩子不是父母的所属品，他们是独立的个体，所以父母不要理所当然地用自己认为对的方式对其进行教育，要保证不触犯孩子的底线，这是正确教育的前提。

　　在教育过程中触碰到了孩子的底线，必然会引起孩子的反感，甚至给孩子带来心灵上的伤害，父母要谨慎为之，不要触碰到孩子的底线。

　　每个孩子都会有格外在意或避讳的事情，同事家的孩子丁宁很在意自己的压岁钱，他一直想自己保存起来，学习理财，但父母没让他如愿。

　　每次过年之前，丁宁妈妈都会信誓旦旦地向丁宁保证，这次的压岁钱一定让他自己保管，但是每次的结果都是会被妈妈要走。

　　"儿子，你现在还小，不能拿这些钱，把它交给妈妈吧。"丁宁妈妈每次都是用这个理由。

　　"妈妈，"丁宁很不情愿地说，"我都这么大了，难道还不能自己保管吗？"

　　"等你长大了再说啊。"妈妈又把压岁钱收走了。

　　"那你明年再也不能要我的压岁钱了。"

　　"嗯，好的。"妈妈很痛快地就答应了。

　　但是，下一次妈妈又想要拿走，丁宁终于忍无可忍了。

　　"妈妈，你为什么一而再，再而三地说话不算话，每次都要拿走我的压岁钱，"丁宁非常生气，"我这次再也不会给你了，我的压岁钱都有用。"

　　从那之后，丁宁在心中对妈妈多了一份怨恨，看她的目光也带着恨意，这让妈妈觉得很伤心，很无措。

触碰到孩子的心理底线，必然会让孩子受到一定程度的伤害，甚至开始怨恨父母，对亲子关系的和谐是很大的威胁。

父母在跟孩子交流的时候，要学会避免触碰到孩子的底线。学会尊重孩子的隐私，懂得适可而止，不能随心所欲、不懂深浅地教育孩子。

小松的自尊心很强，很爱面子，说一些让他伤自尊的话会让他难过好几天，所以在生活中，我总会注意避免这些。

有一次，一个亲戚来家里做客，大家吃完饭闲着没事，就开始聊孩子们小时候的事。

亲戚说她家的孩子两岁的时候都还不会走路，六岁的时候还需要大人喂饭，八岁了还经常哭鼻子。

"看看现在，孩子都长这么大了。"我在一旁附和着。

"我记得小松小时候可笨了，总干一些比较滑稽的事。"亲戚小时候经常见到小松，"我记得他八岁的时候还尿过裤子呢。"

我知道亲戚只是在说笑，没有任何恶意，但我还是想赶紧终结这个话题，小松当时在家，如果被他听到了，肯定会很生气、很伤心。

"孩子小时候淘气是常事，没什么关系的。小松虽然淘气，但他很懂事，也很聪明。"

这时候，小松正好从房间里出来了，他问："妈妈，你们在说我小时候的事吗？"

"是啊，说你挺淘气的，但是也很懂事，很聪明啊。"我解释道。

过了一会儿，小松悄悄把我拉到一边，低声说："妈妈，你没说我的那件糗事吧？"小松看起来很紧张。

"放心吧，妈妈没提，你不说妈妈都忘了。"小松松了口气，乐呵呵地出去玩了。

孩子在成长的过程中，必然会有十分介意自己的隐私，这些关系到他们的自尊，对于这些父母要避免触碰，不要再次伤害孩子的感情。

往往父母在触碰了孩子的底线后，会引起孩子的极度反感，甚至产生严重的叛逆心理，跟父母对着干。触碰到孩子的底线，最后只会两败俱伤。

父母要学会避免触碰到孩子的底线，不去揭穿孩子的隐私，尊重他们的内心。父母不能盲目行使权利，不要随意窥探孩子心门里面的东西，每个人都有保护隐私不受侵犯的权利。父母一定要学会约束自己的行为，与孩子保持心理上的安全距离。

应该按照我说的做
——孩子有独立权，过度干涉会引发矛盾

不论自己孩子的性格如何，父母都不能过度干涉孩子的事，否则会影响他们的独立性，不利于孩子的健康成长，让孩子变得软弱，甚至自私。

父母对孩子的爱是无私又伟大的，平时都怕自己给得少了，有时过度干涉了孩子的事也不自知。因此，父母需要明白干涉孩子的表现有哪些。

好几个父母来问过我类似的问题："我们哪里干涉孩子了？我们关心他也不对吗？"

让我记忆比较深刻的，是一位叫李雪的妈妈跟我探讨过什么样的行为才是过度干涉，很多父母身在其中，容易形成一些理解上的偏差。

"我女儿老说我干涉她的事，可我觉得没有啊，我就是发自内心地关心啊。"李雪感觉很迷惑，很多时候都不知道问题是出在哪里。

她告诉我，有时女儿老不回来，她就会很着急，一直给女儿打电话，直到打通了为止。

"其实父母关心孩子是再正常不过的行为，但是凡事都有度，一旦越过界限，孩子就会感到被侵犯了。"这个道理其实很多父母都懂，但一旦发生在自己身上就难注意了。

"孩子在玩游戏的时候不要频繁提醒；在饮食起居中，也不能一直以孩子的意愿为主；一般情况下，不能频繁地给孩子打电话；不能过度关注孩子的隐私问题；不能随意干涉孩子的外交；不能打着爱的名义为孩子决定未来。这些都是父母很容易犯的过度干涉行为。"

"你这么一说我明白多了，仔细想想有时候是干涉太多了。"李雪自我反省道。

"大家都有过小时候，站在孩子的角度上想，他们不喜欢父母的过度干涉也是很自然的事。"

"嗯，是的，我以后要注意反省一下自己的行为，不再过度干涉孩子的事了。"李雪决定改正一下自己的行为。

如果父母能提前知道孩子会烦什么样的干涉行为、经常了解过度干涉行为的表现，会更有利于约束自己的干涉行为。

父母对孩子的过度干涉，会影响孩子的独立能力，让他们变得软弱，缺少责任心，所以，一定要慎重对待孩子，不要过度干涉。

楼上的老赵就是一个喜欢干涉孩子的爸爸，这让他的儿子赵宇苦不堪言，甚至扬言要离家出走。

老赵老来得子，对赵宇的关心无微不至，简直到了"含在嘴里怕化了"的地步。

周末，赵宇拿着足球跟伙伴们下楼玩，老赵不放心，就悄悄跟了下去。

"儿子，不要太大力了，小心你的脚。"老赵在一旁不放心地提醒道，看着比儿子还紧张。

中场休息的时候，赵宇躺在草地上，老赵又看不顺眼了说："不要在草地上躺着，又脏又凉。"说完，就把赵宇从草地上拉了起来。

伙伴们看着老赵和赵宇，一阵窃窃私语，赵宇感觉很丢脸，球也不玩，就回家了。

赵宇回房写作业，心情不好的他，一边插着耳机听歌，一边写。没过几分钟，老赵就扯着嗓子说："告诉过你多少次了，不要三心二意地写作业。"

"今天是周末，你能不能不要管我，让我自己待会儿行吗？"赵宇终于忍无可忍了，他不明白爸爸为什么老是"阴魂不散"。

"我这么说是为你好，不然到时候你成绩下降了，就等着后悔吧。"

在老赵的影响下，赵宇的独立性非常差，遇事也经常拿不定主意，虽然反感爸爸的干涉，但在心理上很依赖爸爸的决定。赵宇也很讨厌自己软弱的性格。

父母的干涉不仅让孩子反感，还会成为他们成长中的阻碍。经常被父母干涉的孩子，通常独立性都会很差，性格也比较软弱。

父母应该多给孩子一些自主权利和自由，尽量放手让他们独立成长。如此，父母就会发现"放养"的孩子会更优秀，更能了解父母的苦心。

小语上初二的时候，班级里要征集几名夏令营志愿者，主要任务是帮助老师照顾其他小朋友，小语很喜欢这个工作，就来询问我的意见。

我没有阻止她，鼓励她按照自己的心意去做就好了，她非常高兴。

但是，去了没几天，她就遇到了麻烦，还在电话中哭了起来。

"妈妈，今天发早餐的时候，我打破了几瓶牛奶，老师居然批评了我，我该怎么办啊？"

小语的独立性很强，我一直相信她能处理好任何事。

"你自己想想怎么办？"我试探着问，"要不妈妈给老师打个电话，给你说说？"

"不用了，那样老师会认为我在打小报告，我还是自己处理吧。"

小语的回答在我的意料之中，她不喜欢过分干涉，我也不喜欢那么做。

后来，小语自我反省了一下，找出了自己的不足，还跟老师道了歉，保证以后不会再那么不小心。

老师跟小语说，之前之所以训她，是因为牛奶瓶的碎玻璃很容易伤到人，所以才希望她更小心一点。

小语在那里得到了很好的锻炼，虽然也遇到了一些小困难，但她都努力克服了。一回到家她就很有成就感地说："妈妈，我厉害吧，我一个人也能处理好事情，我感觉自己又长大了一点呢。"

"是啊，妈妈也为你感到自豪。"我捏了捏小语的鼻子，她高兴地笑了。

不过度干涉孩子，在给了他们自由的同时，也给他们提供了很好的锻炼机会。孩子总是要独立生存的，不过度干涉才是对孩子的最大爱护，也是对孩子的尊重。

父母过度地干涉孩子，不仅会让孩子反感，还会让孩子失去了成长的自由和必要的锻炼机会，同时还会失去独立能力，对孩子的成长是非常不利的。

父母不能以爱的名义，不断约束孩子，教育一定要适度。要给孩子体验学习的机会，进行适当的"放养"教育，才能让孩子的身心健康地成长。

鸡蛋是谁打碎的
——错误带来进步，爱孩子就让他自己承担

孩子在成长的过程中是难免会犯错的，关键的是父母要明确自己的态度，让孩子意识到错误，并主动承担。不能勇于承担错误的孩子，是无法取得进步的。

父母要有让孩子主动承担错误的意识，如果父母都不这么认为，孩子只会习惯性地推卸责任，不懂得承担，这样的父母是教育不好孩子的。

有一次，陶京下班回到家，坐在沙发上休息，刚一坐下就感觉不对，起身一看，上面有一块西红柿，把沙发弄脏了一块地方。

"小松，你今天是不是吃西红柿了？"陶京有些不悦，小松喜欢在沙发上吃东西，说过他很多次也不改。

小松看陶京不高兴，下意识地开口道："没……没有吧，我今天没吃。"

陶京知道是小松，但看他当时挺害怕的，就想着不再追究了。但我认为这样不好。

"你明知道是小松弄的，为什么不说他？"我有些不悦地质问陶京。

"唉，我看他挺害怕的，算了吧，我估计他下次再也不敢了。"陶京觉得这不是什么大事。

"我们经常教育他，他还是会犯错，要是现在不让他学会承担错误，怎么长记性学会约束自己的行为啊？"

陶京想了想，认为我是对的，是他自己忽略了。

"小松，你犯了错误，为什么不承认？"陶京继续跟小松说西红柿的事。

小松知道陶京的心中什么都明白，立即低下头不说话了。

"爸爸，我不该把西红柿弄到沙发上。"许久，小松终于开口了。

"小松，每个孩子都会犯错误，这不是最严重的事，爸爸在意的是希望你能敢于承认错误。"

"爸爸，我认识到错误了，以后不会了。"小松终于明白了大人的苦心。

经过这件事，陶京在这方面的意识也增强了，也明白了让孩子学会承担错误的重要性。

父母是孩子的榜样，也是孩子强有力的约束，所以父母首先就要有让孩子勇于承担错误的意识，这样才能让孩子受到积极的教育，成为有责任心的人。

孩子在犯错之后，父母还要教会他们承担后果，为自己的行为负责。只有勇于承担，勇于改正，才能学会自勉，避免下次再犯错误。

小语是个有轻微洁癖的孩子，这就导致了她在家不爱干家务活儿。

小语喜欢吃鸡蛋，有一次，我不在家，她想自己炒鸡蛋吃，结果从冰箱里往外拿鸡蛋的时候打碎了几个，她不以为意，又重新拿了几个。

我回到家的时候，打碎的鸡蛋还在地上。

"小语，这是怎么回事？"小语正在看电视，我指着地上的鸡蛋问她。

"妈妈，是我不小心打碎了，我不是故意的。"小语承认是自己弄的。

"那你为什么不赶紧清理掉，这多脏啊，时间越久就越不容易清洗。"我想要她自己弄干净。

"妈妈，你帮我扫吧，我感觉好脏啊。"小语不愿意为自己的错误善后。

"那鸡蛋是谁打碎的？如果妈妈不打扫你就让它一直在地板上？"让孩子学会承担错误是必须要进行的教育。

小语很不高兴，她拿着簸箕和拖把把地板弄干净了。

"小语，妈妈不是不愿意帮你干活儿，但是你一定要学会为自己的错误负责，学会承担错误，只有这样你才能不断成长和进步，妈妈都是为了你好，知道吗？"我把道理细细讲给小语听。

"嗯，知道了妈妈，以后我会努力承担错误的。"

小语慢慢学会了承担错误，之后犯错的时候也慢慢变少了。只有承担，才能进步。

孩子做错了，就要承担责任，不能推诿或置之不理。慢慢地，孩子会摆脱以自我为中心的想法，更好地适应环境，协调自己与外界的关系，成为有担当能力的人。

孩子犯错后，如果不能认识到错误，及时改正，父母就需要进行适当的惩罚。用严厉的教育方式，让孩子知道什么该做，什么不能做。

张晶是我同事家的女儿，有一次，她晚上去同学家玩没回家，也没告诉家里，大家急坏了，我也帮忙找了很久。

张晶回到家后，同事非常生气地质问她："昨晚为什么没回来，也不告诉我们？"

"我在同学家玩得太高兴了，就忘了。"张晶不以为然，认为这不是什么大事。

"你知不知道，我们很多人找了你一个晚上，知道我们有多急吗？"同事越说越生气。

"现在，去客厅站着，没有我的允许不许动。"同事决定惩罚张晶，直到她认错。

张晶赌气地罚站去了。

"惩罚孩子是必要的，但不能太过，要适可而止。"我给同事提了个醒。

"嗯，我知道的，"同事接着说，"主要目的不是要惩罚她，而是想让她记住教训，以后不能再这样了，这多危险啊。"

半个小时之后，同事把张晶叫过来，开始跟她讲道理，让她明白当时的行为是很严重的事，如果有什么不妥，后悔都来不及。

"嗯，我记住了。"张晶说。

"以后我们约法三章，你要是再犯类似的错误，惩罚就不会这么轻了，你要在家里打扫一个月的卫生，知道了吗？"同事给张晶又敲了敲警钟。

因为犯错会受到惩罚，张晶学会了三思而后行，做事更加稳妥谨慎，感觉她长大懂事了不少。

在惩罚孩子的时候，不要伤及孩子的自尊，要适可而止，让孩子知道自己哪里做错了。惩罚的目的是让孩子以此为戒，如果惩罚太重，反而会让孩子更不服气，引起对抗情绪。

孩子只有勇于承担并改正错误，才能不断进步，变得日渐优秀。孩子犯错后，父母要及时引导，积极寻找补救和改正的方法，慢慢地，孩子就会形成勇于担当的好习惯。

让孩子承担错误的目的，最终是为了让孩子形成一种内在的自我约束力，所以在惩罚教育孩子的时候，要适当，不能伤及孩子的自尊，也不能以惩罚为目的。循循善诱，恩威并施，才能让孩子学会更好地承担错误。

题目不能那么做
——让孩子听话不是爱，而是你自私的表现

生活中，父母习惯了把那些听话、顺从的孩子当作乖孩子，认为这样的孩子才有出息。但事实并非如此，太过听话的孩子，会慢慢缺少主见和创造力，这些后天是很难弥补的。

听话的孩子，不一定是好孩子；不听话的，也不一定是坏孩子。父母要正确客观地看待孩子的不听话现象，不能武断地下判断。

亲戚家的儿子叫王硕，是班里出了名的"小霸王"，除了学校，他在小区里也很有名。

"你家的小松多听话，为什么我就摊上这么一个'混世魔王'啊？"亲戚每次看到我，都会发出这样的感慨。

"其实孩子都差不多，小松也有不听话的一面，只是你没看到。"我说的是实话。

"王硕真是让我操碎了心，我真羡慕那些有听话孩子的父母。"

"其实，你不能这么想，孩子毕竟是独立的个体，有自己的想法和主见也是最正常不过的事，如果一味要求孩子听话，这样的父母就很自私。"

我希望亲戚可以客观看待这个问题，于是我继续讲："不听话的孩子容易叛逆和闯祸，让大人操心，但是这样的性格也有其积极的一面，他们想法多，有创造力，长大后对外界的适应力也好。只要父母耐心教育，不听话的孩子也会变得很好。"不听话，并不是孩子的错。

"嗯，听你这么一说，也是这个道理。"亲戚叹了口气说。

"只有客观看待孩子的表现，正确认识孩子为什么不听话，才能采用正确的方式教育孩子。作为父母，要了解孩子不听话的原因，不能完全否定。"希望亲戚可以理解王硕。

孩子不听话，不是一种罪恶，父母要学会一分为二地看问题，认清孩子的现状，如此，父母在以后的教育中才能更心平气和。

父母一味地让孩子听话是一种很自私的表现，把孩子变成自己的私有物，掌控他们的成长方式，束缚他们的发展，对孩子的成长极不利。

我听一个老师说过，她班上越听话的学生，慢慢地成绩会越普通。

朱莉曾是她班上成绩最好的学生，老师同学都很喜欢她，还选举她当班长。

在家里，妈妈说什么，朱莉就怎么做，每天定时定点完成作业；妈妈不让看电视，她就不看；妈妈说什么是正确的，她就深信不疑。妈妈经常在外面跟人炫耀，朱莉是最懂事、最乖巧的孩子。

后来，学校里增加了绘画创意设计课程，目的就是鼓励孩子们要创新，敢于大胆提出自己的想法。这下，朱莉可感觉为难了，在她的大脑中，怎么也想不出来有创意的好主意。

朱莉的同桌却做得很好，还得到了老师的表扬。同桌画了一幅画，上面是一个蓝色的香蕉，她说，以后说不定真会培育出这种香蕉。

老师对她的想法很感兴趣，所以就表扬了她。

朱莉感觉心里很不平衡，她从来没见过蓝色的香蕉，甚至连想也没想过。

由于朱莉太过循规蹈矩、顺从听话，她的创意思维能力越来越欠缺，随着课本难度的不断增加，朱莉的成绩慢慢变得不显眼了。

朱莉听话、乖巧，以妈妈的话为旨意不断努力，后来却变得没了自己的主见和创新意识，不得不说，这是一种很失败的家庭教育。像朱莉妈妈这样的父母们，都应该好好反省一下自己的教育方式，强迫孩子听话不是爱，而是自私。

父母要允许孩子有自己的想法，并尊重他们的意愿，鼓励他们大胆尝试，积极创新，不能对父母唯命是从。

小语小的时候，我就曾经跟她说过："每个人都会有自己的想法，一个人不能对谁的话都深信不疑，而主要的是要学会分辨。谁说得对你就听谁的，自己有了新想法也可以大胆尝试。"

正因为如此，小语平时虽然有些不听话，却是一个很讲道理的孩子。

有一次，小语跟数学老师闹了矛盾，回来后很不开心，她说："妈妈，你不是教过我，要学会尝试创新吗？今天我用最简单的方法解出了数学题，老师却批评了我，说我的方法是投机取巧，是没有根据的。"

"那你觉得自己的方法对吗？"我不希望小语成为一个非常听话的孩子，没有自己的想法。

"嗯，对的。"小语拿出数学课本说，"妈妈，我演算给你看。"

之后，我分析了一下小语的演算步骤，也觉得没问题。正在我们讨论的时候，数学老师打来了电话，说他回去想了想，证明小语的方法是对的，是最简单的。

"我就说嘛，我想了很久才想到的。"小语终于松了口气。

有时，小语不听话，也会做错事。但我不会剥夺她尝试的机会，我会在旁边引导，让她尝试自己的方法，就算最后错了，她也会心服口服。我认为，这才是对的做法。允许孩子有些不听话，有想法，留给孩子独立思考和探究的空间才是正确的。父母不能侵占孩子自己的思维空间。

当然，这并不是鼓励孩子与父母对着干，而是父母要学会尊重孩子的想法，不能剥夺他们独立思考的能力。

父母需要改一改观念，听话的孩子不一定是好孩子。一味听话的孩子，通常都只是盲从，缺乏主见、没有想法、不敢质疑，慢慢就失去了自主性，变成被动接受的人。

父母不要总想着如何去操控孩子、如何让孩子听话，而是要教育孩子有自己的想法，敢于质疑、敢于表达。适当地叛逆不听话，对孩子来说并不是坏事，孩子懂理就行，没必要对父母的话言听计从。

什么时候学习
——保持距离，也要帮孩子的人生做好规划

帮孩子做好人生规划，父母是关键的因素。人生规划对孩子来说，是奋斗努力的方向，是顺利成长的重要保障。缺少规划的人生是散乱的，是没有目标的。

帮孩子做规划是家庭教育重要的一部分。父母严厉地管教孩子，束缚孩子，只会让孩子失去自我；一味地跟孩子保持距离，什么也不管，又会让孩子变得散漫和没有方向感。

小语上高中后，因为学业比较忙，晚上就开始在学校上晚自习。跟她一起上晚自习的是同学赵倩倩。

上晚自习没几天，小语就跟我说："倩倩说，她以后不上晚自习了，觉得很没劲，还觉得晚上回家不安全。"

"那她妈妈是怎么说的？"之前我见过倩倩几次，是个没什么主意的女孩子。

"她妈妈不管她，让她看着办。"小语不以为意地说。

"那你准备怎么办？还去吗？"我试探着问小语。

"去啊，我不去就赶不上学习计划了，我找其他同学一起去。"小语说得非常笃定。

过了一个学期，倩倩的成绩明显下滑了不少，心情非常沮丧。后来她还来找我诉苦了，说："阿姨，我妈妈从不管我的学习，什么都是我自己说了算，但我真的不知道该怎么办，一点目标也没有。"

因为缺乏规划，倩倩一点也不务实，每天都得过且过，遇到困难就退缩，过后又非常后悔。

"你可以告诉妈妈，让她跟你一起做个学习规划，这样你就有明确的目标了。"父母对孩子不闻不问是绝对不可以的。可以跟孩子保持适当的距离，但不是对孩子置之不理。

父母在教育孩子时，不能做极端的行为，既不能什么都管孩子，也不能没有一点规矩。缺乏管教的孩子，就如同漂浮在海上的小船，很容易迷失方向。

父母帮助孩子做好规划，无疑就是给孩子寻找到了合适的目标，让孩子更有前进的动力。如此，孩子的独立自主性也会增强，不会再轻易依赖父母。

在去给小松开家长会的时候，我跟王朝朝的妈妈一起聊了会儿天。

"你说现在的孩子吧，管得太紧，他们就会很依赖父母，也会感觉没自由。如果不加约束，孩子又容易茫然，真是不好教育啊。"朝朝妈感叹着。

"你说得对，跟孩子要保持一定的距离，但也要给孩子做好规划，让他们可以独立地自己朝着明确的目标走去。"

"是的，我现在才明白这个道理。"朝朝妈开始跟我讲，"朝朝从小就喜欢学新东西，但是又没有耐心，从小到大她学过钢琴、芭蕾舞、小提琴、跆拳道等，但没一个能拿得出手，学习成绩也很一般。但是后来，我帮她做了一个明确的规划，一切都开始好起来了。"

听到这里，我更感兴趣了。

"以前朝朝说，她每次去上课就像履行义务一样，跟吃饭喝水没有区别。不知道为什么而学习，缺乏进步的动力，也没有学习知识的欲望。总之，显得很被动。但现在不一样了，她可以根据规划来生活，清楚自己要努力的目标和方向。"

"这是不错的方法，帮孩子做好规划才能让他们有目标，少走弯路。"

没有规划的人生很容易出现混乱。

"现在朝朝自己也养成了做规划的好习惯,感觉她做什么事都很有条理,独立性越来越强。"朝朝妈妈说得很自豪。

帮助孩子做好规划,就等于给了他们自由生活的权利,有了这种牵引,孩子会更愿意努力进步,毕竟没有目标很容易迷茫的。

父母帮助孩子做规划,不能只按照父母自己的主观意愿制定,要根据孩子的实际情况来进行。只有孩子能接受,他们才会愿意发挥主动性。

一直以来,我都认为孩子没有规划是不可行的。父母不能左右孩子的想法,强迫他们听话,但可以根据孩子的意愿为他们做出合理的规划。

小松跟大部分的男孩子一样,心思不够细腻,做事没有规划,所以生活和学习都会显得很混乱,有时明明很努力了,也没有太大的进步。

后来,我就细心观察小松的性格特征,找出他的优势,让他在这一方面多花时间,从而取得明显的进步。

小松的理想是长大了当主持人,会说话、思维敏捷就是他的优势,于是我们就仔细探讨了一下具体的实施方法,做了一个适合他的长期规划。

我告诉他,要想做好主持人,除了口才好、思维好,学习能力也很重要,所以他现在必须要全面努力。

规划内容包括:小松要多参加校园里的演讲比赛和辩论会;平时也要留时间看一些有助于锻炼口才的书籍;学习成绩要稳步提高,保持一个稳定又不错的水平。

每个阶段的任务都规划得很详细,由于这是小松自己的理想,所以他很愿意接受这种规划,并乐此不疲。

如果市里有演讲比赛,不用我说,小松自己就会积极参加,而且他会放弃很多玩乐的时间来准备资料,一个人也能学习得很开心。

慢慢地,按照规划生活就成了小松的习惯。

只有帮孩子找到自己的优势,按照孩子的意愿制定规划,才能达到目标。这样一来，父母只要监督孩子进步就好了。

好的父母应该为孩子规划好人生目标，让孩子不至于因为太依赖父母而变得怯弱，缺乏独立性。孩子有了规划，才能找到前进的方向，才能在努力中得到进步，从而实现自己的价值。

父母要把握好尺度，不能什么都管孩子，也不能放任自流。根据孩子的意愿和优势制定好规划，是帮助孩子成长的好办法，父母不妨一试，相信会有很好的效果。